微媒体

The Creative Art
of Micromedia

创意艺术

孟丽 著

青岛出版集团 | 青岛出版社

图书在版编目（CIP）数据

微媒体创意艺术 / 孟丽著. — 青岛：青岛出版社，2024.3
ISBN 978-7-5736-1915-0

Ⅰ.①微… Ⅱ.①孟… Ⅲ.①传播媒介—研究 Ⅳ.①G206.2

中国国家版本馆CIP数据核字（2024）第027815号

	WEIMEITI CHUANGYI YISHU
书　　名	微媒体创意艺术
著　　者	孟　丽
出版发行	青岛出版社
社　　址	青岛市崂山区海尔路182号（266061）
本社网址	http://www.qdpub.com
邮购电话	0532-68068091
责任编辑	李康康
装帧设计	李开洋
平面制作	青岛齐合传媒有限公司
印　　刷	青岛名扬数码印刷有限责任公司
出版日期	2024年3月第1版　2024年3月第1次印刷
开　　本	16开（710mm×1000mm）
印　　张	10
字　　数	200千
图　　数	63幅
书　　号	ISBN 978-7-5736-1915-0
定　　价	68.00元

编校印装质量、盗版监督服务电话　4006532017　0532-68068050

"微媒体"三思

　　首先感谢孟丽的邀请，给她的著作《微媒体创意艺术》作序。

　　将"微媒体"与"创意艺术"进行连接，是这本书的核心内容。围绕这一主题，本书建立了一个识微、寻微、造微、赏微、示微的逻辑框架，较为系统化地论述了如何使微媒体成为一种创意艺术。这种结构，使得本书既具有知识普及的价值，也具有学术探索的意义。

　　借此机会，我也想表达一下自己对于"微媒体"的几点思考。

"微媒体"是一种思维方式

　　从媒介发展的视角度看，"微媒体"的出现，是媒介形态不断变革的一个结果。这种结果的出现，既具有技术创新与应用方面的原因，也具有社会和文化变迁方面的原因。

　　媒介技术的不断创新与发展，使得整体的媒介传播呈现了从大众传播向小众传播的发展趋势。小众化所依存的"微媒体"，不仅成为可能，也成为了必然的趋势和结果。

1

在媒介化的大趋势下，社会媒介化的进程在加速。社会结构、组织甚至动力和运行，都由传统方式转向了对媒介的高度依赖。文化的多元化、圈层化、碎片化，也在改变着文化的生产方式和存在方式。社会与文化的变迁，为"微媒体"的发展提供了现实的需求和土壤。

所以，当我们讨论"微媒体"时，实际上是需要转变对媒体的原有认知，用一种适合技术发展、适合社会和文化需要的新思维方式重新定义媒体，并推进媒体的全流程创新。

"微媒体"是一种传播生态

"微媒体"已经成为一种客观的存在，并正在建构不同于传统的新的传播生态。

从传播内容来看，以短视频、微视频为代表的视频传播的传播力、影响力已经超过传统单一的文字传播。从"读图时代"到"影像时代"，融合传播已成为传播生态的新的表述。

从传播方式来看，数字化的技术以及在传播过程中的应用，使得传播已不再是传统的从传者到受者的单向过程，更多已经体现为沉浸式传播、参与式传播。微媒体的出现，恰好适应和推进了这样的传播方式。

从传播过程来看，传统的传播"时空观"正在消失，传播变得跨时空、跨地域，变得更加快速、无序甚至琐碎。在"微媒体"的推动下，这种生态还将继续延续。

"微媒体"是一种创意实践

任何一种媒体或者任何一类媒体，都有着自身的特质。"微媒体"的重要特质之一，就表现为是一种创意实践。

其实，在媒体越来越多样化的环境下，媒体的生存与发展，就越来越取决于其创意能力、艺术和水平。没有创意的媒体，或者不能实现持续创意的媒体，很难在新的竞争环境中获得发展的机会。"微媒体"作为新生事物，对创意的需求与依赖更加强烈。

创意的过程，本身也就是一个实践过程。在这方面，孟丽和她的团队就提供了很好的创意实践案例。孟丽担任山东大学融媒体新闻中心副主任、山东大学广播电视台台长。她和团队一起策划制作了一个微媒体创意产品，即短视频节目"百微山大"。在已经发布的 300 多期视频中，每一期我们都可以看到其中的创意。这个节目，获得过各种奖励，也已经形成了独特的风格。

作为一个概念，"微媒体"的科学性和边界性还需要进一步增强。随着媒体技术的不断发展，随着人们媒介消费、媒介使用等的变革，也随着媒介与社会、媒介和人的关系的变革，"微媒体"的内涵与外延也会不断发生变化，"微媒体"的形态也会发生变革。期待孟丽能够继续关注"微媒体"这一传播现象，继续探索研究微媒体，并不断推出创新性的研究成果。

是为序。

山东大学新闻传播学院教授

2024 年 1 月

目录

第五章
赏微：微媒体创意艺术用户

第六章
示微：微媒体创意艺术传播

附 录
"百微山大"短视频平台创意案例

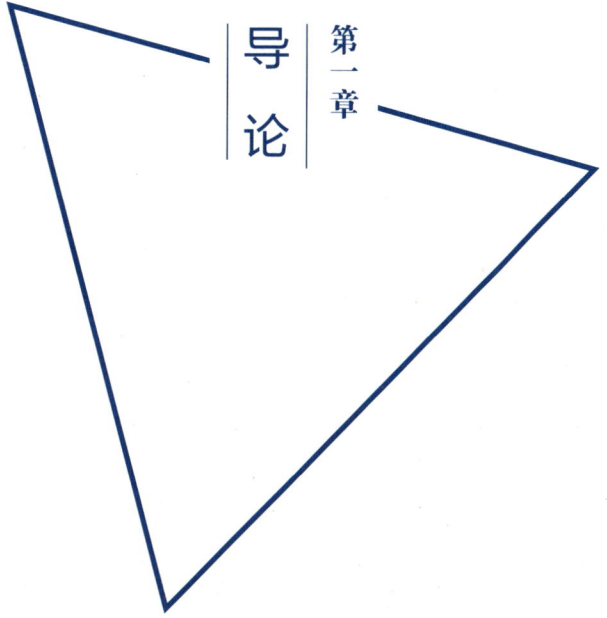

第一章

导论

在人类社会的漫长演进中，媒介扮演着重要角色。正若"水善利万物而不争"，从远古结绳记事到新时代万物互联，从口耳相传的身体媒介到人机合一的融合媒介，媒介深刻地勾连起社会生活细节，又如水和空气一般融入其中，成为其中的一部分。伴随数字技术席卷全球，媒介演变为"基础设施"，数字媒介实践已深深嵌入人类文明的多样化形态中，营造出一种全新的社会情境。这其中，媒介创意如同火花般点亮人类智慧，在建构美好精神生活的过程中焕发出勃勃生机。

一、当今媒体环境中的微媒体

信息传播都需要通过一个载体来完成，我们通常称之为媒介。媒介的主要功能为承载信息传播，其发展受到社会经济及科技文化等诸多方面因素影响。媒介可以分为实体媒介和虚拟媒介两类，前者如报纸、电视、广播等，是通过实体介质传播信息，后者则包括社交媒体、博客、网站等。不同媒介在时代需求的变化下发挥着不同作用。

在大众文化传播需求日益增长的背景下，受众从信息的接收方转变为信息生产及传播的参与方，虚拟媒介中的各类社交媒体平台逐渐发展成为主流应用。由于具有更高程度的交互性和便捷性，传媒产品的创造思维也更加趋向于以用户（受众）为中心。

如今的媒体格局发生嬗变，互联网领域的新技术、新应用、新业态不断涌现，广播、电视、电影、书籍、报纸、杂志、网站等媒介形态的发展突破了原有业务疆界，文字、图片、视频、音频、游戏等资源被集成利用。全媒体产业持续发力，全程媒体、全息媒体、全员媒体、全效媒体的内涵进一步丰富，进而催生"资源通融、内容兼融、宣传互融、利益共融"的媒体融合传播新形态。融媒体作为一种新型媒体，将广播、电视、纸媒、网站以及新媒体等打造成多功能综合性平台，而后进行整合运营，进一步引导传统媒体与新兴媒体，在内容、渠道、平台、产品等方面向纵深融合的方向发展。新技术是媒体革新的不竭动力，人工智能、大数据、云计算等技术持续赋能新闻传播领域。新一代信息技术在新闻采集、生产、分发、接收、反馈全流程中得到运用，激活媒体的生产力和创造力，迅速提升了信息的生产与传播效率，从而加速改变人类社会的交往形态。

技术的升级迭代使得媒体形态被不断重塑，而重塑后的媒体形态又进一步推动多媒介融合、内容生产方式融合及智能终端融合。多元融合影响传播者和受众，这通过一种新的文化生产传播方式展现出来——"人人都是通讯社"——这就是微时代场景下的微媒体。

微媒体信息传播以微传播为主要形式。微传播是新一代信息技术发展逻辑下，信息生产和传播方式的又一次变革。在传统纸媒时代，媒体主要依靠记者编辑获取信息，经过内容生产后，将信息出版发行。随着广播与电视媒体在第二次工业革命中应运而生，生产和传播信息的方式更倾向于受众。而今微时代中，用户自主生产、分享、交流信息的传播方式成为常态，广大网民获得发声机会的同时，也满足了其对于信息"快速消费"的心理诉求。

微媒体以微博、微信等网络平台为传播媒介，以移动终端为传播载体，以社交化、跨平台、瞬时性等为传播特征，面向微社群用户传播精准短小的微内容。作为即时高效的信息发布与内容共享平台，大部分微媒体平台具有实时文字图片编辑、视频上传等功能。微媒体用户可通过移动终端直接更新个人信息，并随时随地展开交流。通过微媒体，面向微圈层，策划微内容并开展微传播，成为微时代的典型特征。

在微媒体时代，媒体形式丰富多样，传播活动密集活跃，用户圈层不断涌现，产品应用层出不穷……这些新变化号召着我们以精品化的创作理念深耕内容生产，以"思想精深、艺术精湛、制作精良"的微媒体产品，满足用户不断增长的个性化需求。

这其中的关键，就在于创意。

二、所谓创意

创意（creative idea），指有创造性的想法、构思等，是基于对客观事物的理解和认知所衍生的抽象思维和行为潜能。一般的想法不能称为创意，只有同时具备有用性和新颖性两个特征的想法才可称为创意。能够产生创意的能力，则表现为创造力。

古往今来，各行各业的成功似乎都离不开"创意"二字。传媒领域的创意活动，便是媒体创意。美国广告大师詹姆斯·韦伯·扬（James Webb Young）认为："创意的本质，是旧元素的新组合。"日本设计师佐藤可士和（Kashiwa Sato）提出"创意是一种思考术：质疑前提、深入本质、多角度分析，最终用创造性的方法解决问题"。二人的理解各有千秋：前者揭示了创意的本质，后者则提供了一种关于创意的工具和方法。综合而言，创意实际是一种以内容生产为必要基础、以内容重构为基本路径的广义文本创新活动，"文本即创意"的生产者和接受者同时面对的内容对象。这种对象的呈现形式正从传统的言说、书本、广播、电视等，逐渐变革为当今以互联网为基本背景、以信息流为基本特征、以算法推送为用户分类依据的"兴趣符号"。由此可见，依据媒体平台而生发的创意，就是由媒体为其打上一个"兴趣符号"，并使用户产生相应的兴趣。

因此，如果说传统创意生产是以文字、图像为主，力求突出内容本身深刻性与先锋性相统一的人类精神活动，那么创意的当代语境无疑涉及以社会本身为考量依据的整体性维度。马克思指出："我们判断这样一个变革时代也不能以它的意识为根据；相反，这个意识必须从物质生活的矛盾中，从社会生产力和生产关系之间的现存冲突中去解释。"[①] 通过传播透视来实现对微媒体时代的整体性分析，并在这种整体性分析的基础上，为传播活动的时代适应性提供可资借鉴之策，正是本书所承载的使命。

---

① 《马克思恩格斯文集·第 2 卷》，人民出版社，2009，第 592 页。

微媒体时代的算法使内容传播表现出独特的吸引法则，产生效应的同时也引发了新的问题。如"信息茧房"，"指在信息传播中，公众由于对信息没有全方位需求，只关注自己关心的信息，将自己束缚于如蚕丝织就的'茧房'中的现象。算法发展加剧了这种效应。"[①]这种效应一般表现为在微媒体当道的互联网场域，信息量越大，每个人接收到的信息却越少。这种"背道而驰"的现象恰恰展露了当代传播活动之"异化"的网络呈现：微信里保存着一堆几乎从未打开的公众号；在手机屏幕上浏览文字一目十行，视线难得停留片刻；通过 WiFi 时刻链接着无穷无尽的信息，也在时刻忽略着这些信息……传播者用各种媒介的充分供给和接收者"有效信息"的相对匮乏之间的矛盾，不可避免地成为微媒体时代信息"需求"同"供应"的基本二律背反。而在市场运作和资本逻辑的导向下，这种矛盾不但没有缓解，反而逐渐成为"适应性"的一部分。其作为现代社会日常生活的基本元素，为公众所接受，进而反过来成为信息生产主体的基本行动策略。在此，我们无意对诸如"信息异化"等新兴论题提出批评，在技术性的层面，本书仅聚焦于此——对这种"适应性"予以分析和"适应"。

早在1997年，美国学者迈克尔·戈德海伯（Michael H Goldhaber）在《注意力购买者》一文中将"注意力"作为一种资源。当今的媒体竞争是吸引用户注意力的竞争，而吸引用户注意力的核心就是产品内容。只有当产品内容达到让人快速产生反应的兴趣强度和情感烈度时，才能真正触发用户分享和传播的欲望。就现实情况而言，恰如前文所述——现时代对其自身内容的"适应性"，极明显地体现在了微媒体的内容生产上。如今，越来越多的内容随意散落于各种微媒体，无法被明确地归类。比如一个微博账号发布的一条140字以内的微博、某个微信公众号推送的一篇文章、豆瓣上记录个人生活或零碎感想的一句话、知乎内一句针对社会时事的发言、抖音短视频评论中的一个段子、影视剧里的一句台词、屏

---

① 陈兵：《数字经济时代法治观澜》，人民出版社，2021，第 119 页。

幕上飘过的一条弹幕、聊天对话框里的一个表情包或者标点符号……微媒体赋予网络空间中的每个人以生产信息的能力，而媒体的每一个零碎角落都有可能存在"爆款"。较传统媒体时代环境而言，这种为公众所接受并迅速成为潮流特征的生产信息能力日益凸显，传播效率亦被大幅提升。在微媒体时代，"内容"本身难以被下一个具有整合性的统一"定义"。就其实体而言，"无处不在、无孔不入"的碎片化状态才是"内容"这个范畴的真实呈现。与此相伴随的，是现实呈现的各"内容"之界限也变得愈发模糊，且难被传统的规律所把握。

因此，就微媒体内容生产而言，可以以将其定位为"社会适应工具"。无论就其自身特质，还是就其社会功能而言，在"适应性"中生产"适应性"，便是微媒体一切工作的本质诉求。就此而言，微媒体内容的核心并非内容的深度，而是内容的创意[1]。比起一板一眼的学院式文案，人们更乐意欣赏自媒体人、段子手、"草根写手"创作的文案；比起单向传播的"呈现式"文案，人们更喜欢自己能够参与互动和二次创作的"交互式"文案；比起规规矩矩展示商品的文案，人们更愿意品读一段或有趣或感人的故事，或者阅读一段来自"代言人"的"软文"。风物长宜放眼量，内容的创意必须时刻洞察时代、环境和人的变化，不仅关注个体私域的"一亩三分地"，更要把眼光放在更多热门的垂直细分领域，时刻把握"创"造出有"意"思的"爆款"的机遇——这便是"适应性"对微媒体生产的要求。

三、微媒体创意艺术链路

正如"生产—分配—交换—消费"作为社会物质资料再生产的各环节一样，

---

[1]　当然，如若能实现二者结合，自然是一个富有激情的理想，但笔者在此必须要声明的是，在二者的关系定位中，在现时代，后者必须要、也必然要占据着主导地位。

对于微媒体创意生产，我们亦可根据某种分类标准将其拆分为诸链条，使之"部分化"，并对其进行化繁为简的分析。在微媒体创意生产领域，各链条可"部分化"呈现为"定位—生产—用户—传播"，这是由作为微媒体创意艺术的本质所决定和实现的，其原则及分类标准将在后文进行详细说明。

（一）定位是创意生发的基础

万事开头难。就微媒体生产而言，找准定位是创意的第一道难关，也是保证作品水平、提高输出质量的关键所在。定位通过选题具体呈现，因此做好选题的议程设置，以敏锐的眼光把握网络热点和信息前沿，方可使产出内容的质量水平不断提升。选题居于微媒体创意生产链条的最前端，此后的内容输出环节，包括内容书写表达、版面编排美工、视频剪辑特效等，都是基于对选题的组织和升华。创意艺术的大基调是由选题奠定的。在进行选题策划时，我们需要在繁杂的议题中做出选择。该选择或依据价值判断，或依据个体网络形象定位，或依据生产者兴趣偏好……总之，选题是一门学问，它既是一种分野、一种风格，也是一种价值取向与战略抉择。要做出有创意的内容，就要看选题这一步是否运用了巧思和匠心。如果在初始阶段，选题没能抓住创意要素，那么后续环节就很难再将用户的注意力吸引过来。

（二）内容是创意生产的根本

"内容为王"是媒体的核心力量和立身之本。内容之要，关键在"创"和"作"。"创"是智慧的涌现，问题的提出和解释，需要在生活和学习中不断沉淀生发。所谓"灵光一现"，本就是"厚积薄发"的体现。我们所能做的是通过感受，破除偏见，生成洞见，发现尽可能多的可能性，积累和管理自己的"内容仓库"。

"创"之后才是"作"的工程。"作"是方法论的探讨，是形式的表达，是结构的掌控和材料的组合。"作"往往是各种创意类课程的重点内容，是在前一步"创"的基础上才成立的，即有了内容才能建立骨架、丰富羽毛。信息有传递才有接收，在传受双方不够稳定的前提下，内容是聚集注意力资源的关键。微媒体时代带来新的传播环境和传播方式，媒体格局、舆论生态、传播对象等都在发生深刻变化。但无论技术和环境如何变化，无论未来媒体手段多么先进、呈现多么丰富，优质内容仍是媒体品牌的竞争力核心。微媒体时代，"内容为王"的理念非但没有过时，反而愈发是媒体以"不变"应对"万变"的重要法宝。牢牢把握精品内容生产这条生命线，是媒体行业的生存之道、制胜之道。

（三）用户是创意作用的对象

作为创意作用和接收的对象，从"受众"到"用户"的身份转变是讨论创意产出必不可少的关键点。在传统媒体时代，媒体掌握着新闻生产的话语权，即受众仅仅是信息接收者，无法决定自己想看的内容。随着媒介技术的发展和移动智能终端的普及，个体拥有了选择、解读和发布信息的自主权，他们从信息接收者变身为信息生产者，不仅可以与大众媒体进行平等的交流对话，并且可以具备多重身份。正如亨利·詹金斯（Henry Jenkins）所言："这种新的媒体环境的承诺引发人们对思想和内容更加自由地流动的期望。在这种理想的激励下，消费者将为更全面地参与到他们自己的文化当中的权利而斗争。"[①]这意味着，个体在信息传播的过程中能积极参与进来，既充当信息的消费者，又充当信息的生产者和传播者。在微媒体时代，这种"交互性"被尤其凸显出来。接收者的身份从"受众"转变为"用户"，这在法律关系上是"权利主体"对"被压迫者"的挑战，在范畴关系上则是"主

---

① 亨利·詹金斯：《融合文化：新媒体和旧媒体的冲突地带》，杜永明译，商务印书馆，2019，第 50 页。

体间性"对"客体性"的革命。微媒体时代的信息生产力空前解放，媒体制造出
的海量信息瓜分着用户的注意力。信息接收者地位的变化，倒逼各媒体平台适应
用户口味、满足用户需求，运用大数据算法等各种现代科技手段对用户开展个性
化定制服务，在产品设计上，更强调用户的个人特征和对每一个细分领域甚至是
对个体注意力的抓取。

（四）策略是创意传播的保障

当一个产品有了好的内容创意之后，要想有效传播到用户的网络空间领域内，
就要运用立体化、多形式的创意传播策略。在数字技术高速迭代的时代，颠覆并
重塑内容产业的生存逻辑、增强用户互动体验成为创意传播的重要策略。随着移
动终端日益普及，其形态不断变化，创造出许多全新的场景应用，传统的传播手
段已无法满足社会需求，搭载人工智能的新型传播方式应运而生。传播成本变低，
人人都是内容生产者，无论在网络空间中拥有什么水平的声量，都有被人看到的
可能性。传播形式更加丰富，从各类文字社交 App 到短视频的崛起乃至虚拟现实
技术的火热，创意内容可以通过视觉、听觉、触觉等各种各样的感觉抵达用户端。
面对这种变化，微媒体时代的传播策略不仅要考虑内容本身的定位特点，还要把
握网络传播的大趋势。

第二章

识微：微媒体创意艺术内涵

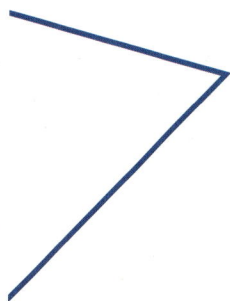

在论述微媒体创意内容之前，必须对微媒体本身有较为系统全面的认识。在技术革新所带来的 Web3.0 趋动下，互联网再次来到拐点——从信息传播到承载价值，"媒体"亦在迭代中分裂出许多全新面貌。"新"是相对于"旧"在时间维度上产生的相对概念，而"微"则是对应媒体载体在体量上的特征——这是微媒体作为现实呈现的最一般的含义。对其本质含义的分析，将在后文详述。

一、微媒体的基本内涵及外延

（一）国内外研究成果及发展现状

对于微媒体基本内涵的分析，已有一些国内外理论成果。在国内，最早涉及微媒体的文献是吴波在 2011 年发表的《从"微媒体"到"自媒体"》[①]，微媒体研究的兴起则是在被称为中国"媒体融合元年"的 2014 年以后。近年来，微媒体作为新媒体发展到一定阶段的产物，其传播活力、话题深度和影响力不断扩大。学术界关于微媒体的研究日益广泛，涉及多个学科领域，如新闻传播学、社会学、哲学、教育学、经济学、管理学、法学等。已有研究结合现实应用，如探讨微媒体背景下某一领域的具体问题，或探讨微媒体对某一事件产生的具体影响。从不同学科背景和视角定位出发，相关研究的内容主要涉及微媒体的定义、特征和传播影响力三个方面。

大多数学者认为微媒体根植于互联网，是互联网高速发展催生的新事物。但关于微媒体的界定，国内学界还未形成统一的认识。胡德平在《主流意识形态在微媒体场域的注意力生产》中认为，微媒体即"微平台 + 微内容"，由获取信息

---

① 吴波：《从"微媒体"到"自媒体"》，《商务周刊》2011 年第 1 期。

来源的信息场域、构建人际关系平台的关系场域和描述表达"本我"生活的叙事场域构成，形成了以"核心—边缘"扩散模式为基础、以"多中心互动"和"多节点互联"为特征的网状裂变式传播模式。[①]严宏伟在《微媒体舆论引导策略·方法·案例》中认为，微媒体可以从两个方面进行界定：一方面，微媒体是由众多微小的传播单元组成的，且每一个传播单元也属于一个媒体；另一方面，微媒体是指由众多微观传播单元组合构成的一个传播网络，而这个传播网络就形成了一种全新的传播媒介。[②]苟一成在《化解微媒体对社会发展负面影响对策研究》中认为，微媒体是针对"体积"相对较大的媒体形式产生的新兴媒体的称谓，且微媒体的"小"不仅仅是指载体的体积，更重要的是体现在微媒体对媒体信息本身的精准定位上，这与其传播范围之全面形成鲜明对比，涵盖了广大受众群体生活中的各个方面，彰显其强大的信息传播能力。[③]

微媒体的特征也是学者们的研究兴趣之一。唐淑玲认为，以微信、微博、微视频等各种"微"为标志的文化传递媒体开启了全新的"微时代"，在这样的传播环境下，微媒体"信息的大众性、管道的多样性、信息的迷你性、传播的及时性、沟通的交互性及信息的开放性"就显现出来。[④]孙园园在《网络"微媒体"交互设计研究》中认为，微媒体所呈现出的增值简化、传播差异、新型传播及多元选择的特征，不仅体现在网络信息传播的方式与效果上，也在无形中对人们的日常交

① 胡德平：《主流意识形态在微媒体场域的注意力生产》，《思想理论教育》2015年第8期。
② 严宏伟：《微媒体舆论引导策略·方法·案例》，国家行政学院出版社，2013。
③ 苟一成：《化解微媒体对社会发展负面影响对策研究》，硕士学位论文，中共黑龙江省委党校马克思主义理论，2016。
④ 唐淑玲、刘林：《"微时代"背景下大学生思想政治教育载体应用研究》，《产业与科技论坛》2019年第17期。

流方式及生活习惯带来重大影响。[①] 何科、曹银忠也以微博为例阐述了微媒体的快速性、生活性、互动性和自主性四个特征。[②] 冷文勇在《网络微环境下维护国家意识形态安全的途径》中指出，互联网发展已经进入"微时代"，网络微媒体的发展使网络微环境具有"微主体"泛在化、"微内容"碎片化、"微传播"裂变化、"微环境"世俗化的特征。[③] 刘一晓在《"微时代"的文化现象研究分析》中指出，信息的轻松获取与便捷传播构成了互联网"微时代"的重要特点，并将微时代的特征归纳为迷你的传播、流动的传播、瞬时性的传播、扁平化的传播这四个方面。[④]

国外方面，对 Instagram（照片墙）、Twitter（推特）[⑤] 等新兴媒体的研究一直是热点领域。查伦·李（Charlene Li）和乔希·贝诺夫（Josh Bernoff）在《公众风潮：互联网海啸》一书中指出，人类对于沟通的渴望、新的互动科技以及在线新经济这三个方面构成了一个新的网络领域；现代新媒体公司作为社会机构，要利用博客、维基百科、播客、个人原创的音频视频、论坛的评论等网络方式，把消费者所处的虚幻世界和真实世界相互联系起来，强调把握风潮的重点是关注人与人之间的社会关系。[⑥] 有"博客教父"之称的霍华德·莱茵戈德（Howard Rheingold）在《虚

---

① 孙园园：《网络"微媒体"交互设计研究》，硕士学位论文，河北师范大学美术学，2014。

② 何科、曹银忠：《浅议微博对大学生思想政治教育工作的挑战及其应对策略》，《西南民族大学学报（人文社会科学版）》2012 年第 A2 期。

③ 冷文勇：《网络微环境下维护国家意识形态安全的途径》，《河北学刊》2018 年第 2 期。

④ 刘一晓：《"微时代"的文化现象研究分析》，硕士学位论文，大连工业大学设计艺术学，2013。

⑤ 该 APP 已于 2023 年 7 月更名为"X"，本书仍采用原名称"Twitter"（推特）代指。

⑥ 查伦·李、乔希·贝诺夫：《公众风潮：互联网海啸》，陈宋、卓涵译，机械工业出版社，2010。

拟社区》中指出，以多对多模式为主的网络交流正在重塑人们的个性和情感，同时也将对民主政治社会产生影响。他还在《网络素养：数字公民、集体智慧和联网的力量》中指出，在 Google、Facebook、Twitter 等新媒体使我们注意力趋于碎片化倾向的今天，我们所具有的或需培养的注意力、参与力、合作力、对信息的批判性接收以及智慧结网正在不断改变着整个网络环境的素养。

现如今，微媒体主要表现为微博、微信、QQ、Twitter、Instagram 等媒介形态，并已成为国内外最活跃的媒体力量。总体看，"端"是发展方向，"微"是发展趋势，国内通常以"两微一端"（微博、微信以及客户端）或"三微一端"（微博、微信、微视频以及客户端）作为其媒介形态的归纳。微博的公共空间性、微信的熟人传播效应和微视频的直观、低门槛性，决定了其传播效力的普遍性、广泛性和高速性。平台活跃用户覆盖广、市场投资热情高、商业活动频繁，无疑是微媒体当代发展的基本态势。与此同时，围绕微媒体发展所产生的争议和冲突也常见诸报端，如美国前总统特朗普被戏称为的"推特治国"。在国内微博等微媒体传播中，因不当传播而引发当事人利益受损害的公共事件时有发生，这些不当传播内容常以谣言、煽动性言论、断章取义的剪辑等不同形式呈现。以上事例表明，微媒体一方面方兴未艾，另一方面也远未完善、成熟，未来还需要进一步充实内容、完善体系，同时在社会、法律、技术等领域的保障措施，力求引导其进入良性发展轨道。

（二）微媒体的现实内涵

目前学术界对于微媒体的概念尚无统一界定，从社会传播角度看，微媒体是以手机客户端为主要搭载平台进行双向融合式传播的社交媒体；在信息技术层面，微媒体是在 Web3.0 模式下，将一般网络媒体的信息服务转化升级为全新信息传导机制的媒体介质。

微媒体的首要特征在于一个"微"字，主要表现在信息内容、呈现形式、用户主体等方面。其具体特征可概括为以下几点：

第一，内容的精练性与多样性。微媒体的迅速发展与时代特性密切相关，在这个快速变幻的时代，每个人都拥有多重身份，快速的生活节奏使人们的闲暇时间被不同程度碎片化，人们更乐于接受碎微内容。如微媒体中的微视频形式，时长常在 3 分钟以内，能实现单位时间内获取信息量的最大化，其内容构成呈现多样性，短平快的大流量传播更受平台、资本和用户青睐。

第二，搭载平台的便捷性与微型化。相比其他媒体形式，微媒体最大的特点在于载体便捷。硬件方面，微媒体主要以移动手机、平板等体积较小、便于携带的智能终端设备为主；软件方面，微媒体主要有微博、微信等普及率高的客户端APP，便于信息的发布和获取。

第三，主体的平等性与互动性。微媒体用户集信息生产者、信息传播者、信息消费者三个角色为一体，人际传播模式呈现出交叉、网状的特点。这种模式将以往媒体形式中用户的单向性追随，转变为用户间频繁的双向或多向互动，使得主体间的平等性得以增强。

微媒体呈现形式多元，按其功能性特质分类，主要有以下几个类型：一是社交类，如微博、微信、Twitter、Instagram 等；二是短视频类，如抖音、快手等；三是生活资讯类，如今日头条、小红书等；四是知识社区类，如知乎、豆瓣、喜马拉雅等；五是电子商务推广类，如淘宝直播、抖音直播等；六是媒体装置类，如 VR（虚拟现实技术）、元宇宙等；七是依附类，如视频弹幕、社交表情包等。微媒体的应用各类别日渐融合，共同构成了微媒体"事物的总和"，参与到当代文化传播和社会交往的全过程中。

二、微媒体的本质

麦克卢汉（Marshall McLuhan）曾提出"媒介即讯息"的概念，他说："我强调媒介是讯息，而不说内容是讯息。"他认为，在社会分析领域对媒介所传递内容的过度重视，事实上反而会导致一种对媒介本身社会意识形态塑造功能的遮蔽。因而在媒介研究中，媒介形式必须要进入研究者的理论视野，甚至比内容更重要。"媒介的内容的重要性，远不及每种媒介的形式在社会心理以及感官层面上所造成的影响。"① 这一断言的提出，正是将媒介本身作为社会分析的内容元素，而不是将之作为传递内容元素的载体。李曦珍指出："在传播过程中采用了新旧两种截然不同的媒介，而正是这种有别于旧媒介的新媒介所引进的新尺度，改变甚至重塑了信息接收者的器官比率和感知方式，进而产生全新的信息传播效果。"② 这一解释对于理解麦克卢汉的观念是准确的。在其他学科研究领域，这一问题也引起广泛关注，如在当今的现象学研究领域，对"符号""图像""直观""回忆"等意向对象的理解也高度关注媒介本身，而非仅仅研究其所承载内容。

可见，媒介的社会意识形态塑造功能，事实上可以被分为两个部分看待，即传统意义上的"媒介内容塑造意识形态"和麦克卢汉研究意义上的"媒介本身塑造意识形态"。微媒体对当今发达工业社会的介入，尤其是对"数字劳动""话语权生产"等论题的介入，很好地例证了这一点。

从共性的角度理解，一切媒介所具有的最直接功能，即"信息载体"，是从内容角度去考虑媒介的本质。作为载体，媒介总要承载相应的信息，才能在社会运行环节中获得其存在的位置和空间，而信息的种类、传播范围、表达的话语方式等则掌握在媒体手中。在"中心化"时代，少部分媒体牢牢掌握着信息的生产发布环节，并由此建立起对社会公众的影响力。如前所述，微媒体时代媒体所经历的最为重大的、在社会权力关系上的突出变革，就是将传统意义上以少部分媒

① 克里斯托夫·霍洛克斯：《麦克卢汉与虚拟实在》，刘千立译，北京大学出版社，2005，第24页。

② 李曦珍：《理解麦克卢汉：当代西方媒介技术哲学研究》，人民出版社，2014，第94页。

体占主导、以民间报刊出版印刷产业占辅助地位的主客二元关系，转变为以交互性为特征、以主体间性为权力运作原则的新型传播关系。传统主客体关系的解构，意味着绝对权威力量的削弱和"去中心化"。这也进一步意味着，社会意识形态的塑造权力转变为"赋权"的逻辑和形式——这种权力被分散和下放给微媒体的各类运作主体，使接收者群体进一步窄化，新的生产者群体相应被扩张，建立在"中心化"时代信息差基础上的意识形态稳固环境受到冲击和分化。在新的媒体环境下，传统主流媒体亦不会固守传统的二元关系，而是积极谋求向新型主流媒体的转型，如作为官方账号入驻微媒体平台，或者联合在民间有较大影响力的运营者和生产者开展宣传合作等。这些都成为"权力"的传统地位解构条件下，权力主体自身"与时代和解"的体现。

总之，如果一定要为微媒体划定一个本质，这种本质的立足点应当稳定在对其自身的意识形态功能分析上。媒介的这种"意识形态服务性"同其所承载的信息一样，都体现出"自觉性"的范畴。法兰克福学派创始人霍克海默（Max Horkheimer）早已指出："一个人只要有了闲暇时间，就不得不接受文化制造商提供给他的产品……事实上，社会权力对文化工业产生了强制作用，尽管我们始终在努力使这种权力理性化，但它依然是非理性的……"①

在发达资本主义工业社会所塑造的媒介环境中，一切公众视域都从属于资产阶级意识形态视域之下。资本主义国家权力将同一性的、辩护性的、庸俗性的"内容"安置于媒介所承载的空间之中，通过塑造"流行""品牌"等符号"痴迷"来诱导公众为"虚无"而消费，并在消费中使之变为"真实存在"——实质上则是在媒介符号中沉沦。事实上，我们在日常生活中是可以觉知这一点的。所谓"名牌攀比"，便是这种"被塑造的流行"的典型表现。它将公众的虚荣从心理范畴转移至社会领域，既攫取了暴利，又将这种意识形态予以进一步巩固，并循环于

① 霍克海默等：《启蒙辩证法：哲学断片》，渠敬东等译，上海人民出版社，2006，第 111 页。

暴利的攫取流程当中。

当前的微媒体环境为此循环提供了便利。在微媒体诞生之前，法兰克福学派所说的这种消费意识形态塑造功能主要被电视广告承载。在其生成过程中，它是面向作为整体的社会公众，或者是某一特定人群实施"塑造需求—刺激需求—消费—实现需求"诸环节。在当今大数据等科技的加持下，微媒体传播"塑造需求"这一环节所耗费的时间被大大缩短了。人工智能可以抓取精确到个体的兴趣，使资本逻辑同个体需求完美契合。一方面，迎合用户兴趣的精准推送会立刻抓取到用户的潜在需求，在媒体平台上，尤其是在"信息获取平台"和"电子商务平台"的"珠联璧合"中刺激消费欲望，以期人们更"有效率"地创造消费。另一方面，在算法所构造的"信息茧房"中，个人喜好和观点在同质化信息的笼罩下得到迎合，人们在重复接收同质信息中强化自己既有的观点。当这种巩固达到一种过激的、越界的"极化"程度，便产生强同一性认同，以至于丝毫不能接受其他观点。即便没有到"极化"的程度，"信息茧房"亦会对接收多元化的思想观点造成相当程度的阻碍，而这正是特奥多尔·阿多尔诺（Theodor Adorno）所批判的"同一性的诅咒"——"同一性是意识形态的原初形式。同一性作为适当性享有在同一性中被压抑的东西，但适当性总是服从支配的目标，即服从于同一性自身的矛盾"①。正是这种对"同一性"的顺应，贬抑了否定性的生长空间，造成了社会批判能力的全面衰退。即便在个人生存境地中，也会如同马丁·海德格尔（Martin Heidegger）口中的"常人"意志那样，在附和一个自我建构的所谓"规范"和在对"大他者"的恐惧中丧失本真性。正如迈克尔·英伍德（Michael Inwood）所言："良知告诉我做什么和不做什么，我是一个独立的自我，而不是常人-自我。它也许会告诉我不要做常人做的事或者告诉我去做他人不做的事。如果我还没有避开常人-自我，我就无法拥有这种意义上的良知：我不把自己看作区别于他人的个体，

---

① 阿多尔诺：《否定辩证法》，王凤才译，商务印书馆，2019，第 169 页。

从自己出发做出选择。"[1] 媒介对这种"常人"意识的塑造，正是其意识形态功能的一个方面的重要体现。

另外，如前所述，技术变革所带来的媒介变革在传播关系上表现为"去中心化"和对传统主体权力的解构。值得强调的是，这种看似对"不公正、不对等的权力关系"的解构，并没有带来"公正、对等的权力关系"设想的良性结果。"去中心化"意味着"赋权"，而"赋权"则意味着某种程度上"中心的转移"。比如，在公众对某些社会公共性事件进行发声时，某些资本方阵对发声的掩盖行为（删帖、屏蔽等），往往以"违反国家相关法律法规"的名义来作为正当性依据。在部分发达资本主义国家，这种看似"自由"的不平等实质更为隐蔽：当充斥着低智商、同质化、无意义的媒体内容占据大众时间后，个体的独立思考能力将进一步被压抑，对资本逻辑的抗拒性将进一步消减。这一点在兹比格涅夫·布热津斯基（Zbigniew Brzezinski）那里已经有了很直接的说明[2]。这种"隐性"的塑造逻辑在米歇尔·福柯（Michel Foucault）那里则被称之为"规训"：权力通过不断生产出被冠以"客观"之名的所谓"知识"（背后则是对启蒙理性的朴素崇拜）使自身合法化，并潜移默化地在社会秩序中占据强影响力的地位，以充分巩固统治阶级的利益。一个典型例证是，资本主义对"不是企业需要员工，而是员工需要企业""没有企业，就没有工资被发放给劳动者，因此劳动者应当感谢企业"等企业文化的塑造与传播，就是对剩余价值生产逻辑和资本增殖逻辑的掩盖。当员工接受了这种"成功学"，其斗争意识就会被大大地削弱，资产阶级的利润循环则得以巩固。

---

[1] 英伍德：《海德格尔》，刘华文译，译林出版社，2009，第84页。

[2] 即"奶头乐"理论（Titty tainment）：由于生产力的不断上升，世界上的一大部分人口将不必也无法积极参与产品和服务的生产。为了安慰这些"被遗弃"的人，避免阶级冲突，方法之一就是制造"奶头"、喂之以"奶头"——使令人陶醉的消遣娱乐和充满感官刺激的产品（比如网络、电视和游戏）填满人们的生活，转移人们的注意力和不满情绪，令其沉浸在"快乐"中不知不觉丧失思考能力、无心挑战现有的统治阶级。

因此，现在可为微媒体本质以画像的是：首先，微媒体是一种非工具性的、具有社会意识形态塑造功能的事物；其次，微媒体是对新媒体解构传统权力关系这一社会功能的进一步发挥；再次，微媒体是为当前社会公众所普遍接受的、深刻融于社会公众日常生活中的信息载体；最后，微媒体是一种以平台、APP、数字符号等形式呈现出来的现实实体。这给我们提供了启示，正如恩格斯所说的那样："无论历史的结局如何，人们总是通过每一个人追求他自己的、自觉预期的目的来创造他们的历史，而这许多按不同方向活动的愿望及其对外部世界的各种各样作用的合力，就是历史。"① 微媒体社会功能的作用方向、发挥程度、影响效力，同样是多方主体的合力结果。微媒体的信息生产者应当在充分认识微媒体自身意识形态属性基础上，对微媒体创意的内容进行深入研究，思考其在定位、生产、用户、传播各个环节的应用价值。唯有如此，才能跳脱出不顾社会需求的、对个人喜好单向满足的"爆款自由"误区，并克服一味迎合热点却时常"昙花一现"的困境，生产出具有持续影响力的微媒体产品。

三、微媒体创意艺术何以可能

事实上，创意概念本身是一个模糊的、边界不清晰的指代词。"创"指"创造"，"意"指"点子、主意、想法"。根据创意的字面意思，就是"创造一个（新）点子"，并使之具备某些能够得到社会公众接纳乃至追捧的特质。而想要把握创意、不断提出创意，这是富有挑战性的。赖声川指出："创意是人类最向往的一种能力，但我们却不了解它，也不知道如何才能拥有它。"②

根据前文的理论基调和内涵基础，微媒体创意至少需要达到两个标准。第一，

---

① 《马克思恩格斯文集·第4卷》，人民出版社，2009，第302页。
② 赖声川：《赖声川的创意学》，中信出版社，2006，第3页。

追求"新颖"的特性，或者说"创新"特性。如约翰·霍金斯（John Howkins）所说："创意无时不在，只要一个人所说所做所造是新颖的，无论是'从无到有'还是赋予某物新的特征，创意就存在。"① 就此意义而言，"创意"内涵中须包含"创新"的潜在标准。然而，"创新"显然是一个偏技术性的指称，如果要使"创意"呈现出人文性、文化性、社会性的特质，则需要第二个标准，即实现与特定时代社会总体面貌的"匹配"。这种标准的划定实际上也是很不清晰的，若要将所谓匹配"社会总体面貌"的要求予以明晰化，则可以在一种折中性的立场上将之理解为"与主流意识形态相符合"。这正与法兰克福学派所批判的那种"同一性"相顺应。乍看来这两个标准是冲突的，实则不然。社会整合性的要求所划定的是特定文化的生存语境，而创新性的要求所划定的则是特定文化的内容本身。实现二者的统一，即要求在与社会公共道德和广大民众普遍认可的价值观相契合的前提下，实现内容、观点、方法、表现形式等方面的异质化。这种异质化所要求的并不是纯然的标新立异、哗众取宠，或以审丑特质回应市场猎奇心态等，而是要求创设一种能够为接受者带来积极体验的良性语境。如梅内尔（Meynell）所言："审美愉悦来自于构成人类意识能力的锻炼和扩大的愉悦。"② 微媒体创意需要达成的正是这一点，如高技术性的创意混剪、多元素融合创新的呈现形式、内容传播过程中的强互动性介入……这些都能够成为赋予微媒体文化产品以"创意"的良性特质。就此意义而言，这种以微媒体为载体和中介，兼具创新性、社会接受性和审美性三种突出特质的文化生产，便可以称之为微媒体创意艺术。

那么，这种微媒体创意艺术何以实现？高字民有一个较准确的判断："要真正把握'创意'的深刻内涵，我们应避免一味在'新'字上做文章的传统思维，

---

① 约翰·霍金斯：《创意经济：如何点石成金》，洪庆福等译，上海三联书店，2007，第3页。

② H.A.梅内尔：《审美价值的本性》，刘敏译，商务印书馆，2001，第27页。

而要从'意'字另辟蹊径，深入挖掘。"[①] 与其说微媒体创意艺术所要求的是生产者对一个实体性、对象性的文化产品的"生产"，不如说这种"生产"所追求的不是一个单一的"事物"，而是"语境创设"。只有在整体性的"语境"中，才能为主体的审美活动提供容纳的空间。同时，将"创新性"和"社会接受性"从一个由"主体之外"的"评价标准"，内化于"主体参与"的自由领域。事实上，已经有不少微媒体创意产品做到了这点，如 B 站推出的"互动视频"便是"语境创设"的一个典例。通过由用户决定的选项推进视频内容，并能够将选项和弹幕、评论互动共存——这在实现用户和内容交互的同时，也在不同的用户间实现交互，将一个对象化的"产品"扩展为一个微型的社区单位。在交互中，用户同生产者一起共同决定着视频的内容走向。即便结局是生产者所设定好的，交互空间的存在也为这种设定开辟了即时赞同或即时反驳，以真正实现用户—产品交互。在这种创设中，游戏本身不再是唯一的交互对象，而是在"空间"中实现着主体与主体、主体与产品的交融，并能够以记录的方式实现"副产品"的生产（进度回溯、直播回放、视频录像、有导向性的片段剪辑等），这些都成为当前微媒体创意产品生产中广受好评的新元素。

---

① 高字民：《拟像、景观审美和当代文化创意产业》，人民出版社，2018，第 23 页。

第三章

寻微：微媒体创意艺术定位

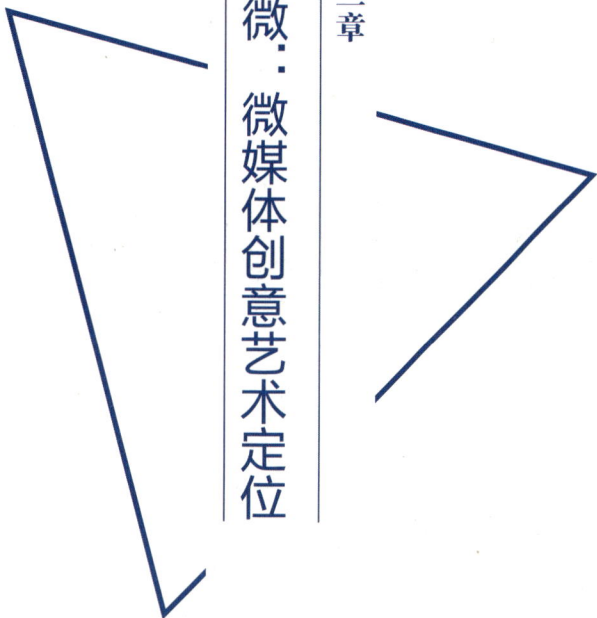

从本章开始，将对前文所述的微媒体创意艺术生产链条分别进行论述与分析，以期形成微媒体创意艺术较为完整全面的"饱满形象"。

一、平台定位

在社会分析领域中，"共同体"即对依照某一标准所聚合而成的特定群体进行分类的结果。"共同体"的种类各异，如若以国别标准划定，则现代国家都可为秉持其国家意识形态立场的广义共同体；如若以职业、资源等社会主要参考标准划定，则可划分出国家与社会管理者阶层，经理人员阶层，私营企业主阶层，专业技术人员阶层，办事人员阶层，个体工商户阶层，商业服务业员工阶层，产业工人阶层，农业劳动者阶层，城乡无业、失业、半失业者阶层十个分层[1]，同样可以"阶层共同体"来指称。党的十八大以来，中国积极倡导构建人类命运共同体（以建设"持久和平、普遍安全、共同繁荣、开放包容、清洁美丽"的世界为内涵），这源自马克思主义"自由人的联合体"理念和中华优秀传统文化，它涉及人类生活方方面面，既是经济共同体、政治共同体、文明共同体，也是价值共同体，即"人的类存在物"在全球化时代的深刻展现。当前，互联网空间是人类共同的家园。习近平总书记在2015年第二届世界互联网大会上首次发出"构建网络空间命运共同体"的倡议，指出"网络空间是人类共同的活动空间，网络空间前途命运应由世界各国共同掌握。各国应该加强沟通、扩大共识、深化合作，共同构建网络空间命运共同体。"

在传播活动中，无论是生产者还是生产平台，都很难将一个开放性的内容精确对应到个体。即是说，内容生产的基本对象是以"共同体"方法来划定的。这

---

[1]　陆学艺主编：《当代中国社会阶层研究报告》，社会科学文献出版社，2002。

种划定实质上是对整体性的社会范畴进行"拆分",以明确传播活动的针对性。对于特定媒体而言,传播活动所对应的"共同体"即为该媒体的主要受众。比如人民日报社、新华社和中央广播电视总台等国家主流媒体,担负着壮大主流思想舆论的使命。此外,还有针对特定群体的、具有内容凝聚性的媒体,如解放军报、中国妇女报、中国科学报等便具有十分明显的受众导向性——这从其名称就较易得出。而对于B站(国内视频弹幕网站"哔哩哔哩"的简称)、快手、小红书这类较新出现的微媒体,常将其用户"标签化",如"亚文化""土嗨""小资情调"等。一般而言这种标签是"简单粗暴"的,但从某些方面表明了平台本身所具有的、可以被"标签化"认定的特质,也在一定程度上反映了其用户的年龄、经济状况、学历等画像信息。在大数据算法的应用赋能下,这有利于平台为用户推送更为精确的内容信息,进而强化用户黏性。

因此,平台的定位实际上反映的不仅是平台所要自我宣传的品牌概念,而且是对用户的定位。生产者在发布作品前,对平台定位进行深入考察和仔细分析,实质上是一次必要的用户需求调研。在调研中,该平台需要明确所对应用户的主要兴趣并对其进行清晰了解,然后才能进一步决定内容生产是"投其所好"还是"反其道而行之",是迎合热点还是推出特色——这些都能成为内容生产的信息参考。

媒介依赖理论认为,我们通过使用大众媒体来获得特定满足或完成一定的目标。如果受众缺乏其他替代性方式(或资源)完成由媒体提供的满足或特定目标,就会对大众媒体形成依赖。个人的依赖程度越大,大众媒体对个人产生的影响越大;反之,如果个人对大众媒体的依赖较小,大众媒体对个人的影响也就越小。[1]如今的算法时代中,在信息爆炸性增长的前提下,特定群体的媒介依赖得到了强化而非削弱。虽然形式各异的新平台、新产品、新应用不断推出,但运作机制成熟、成立时间较早、受众定位明确、运作团队庞大的网络媒体巨头完全有能力将新元

---

[1] 刘海龙:《大众传播理论:范式与流派》,中国人民大学出版社,2008,第281-282页。

素纳入自身产品运作环节之中，通过成熟的算法推送，为用户长期自愿保持黏性并自愿处于"信息茧房"之中提供外部环境基础。

对于生产者而言，选题策划应当同平台定位相匹配。如知乎社区欢迎知识型产出内容，而快手平台欢迎娱乐化内容。当然，还有一种剑走偏锋的创作方式，即"反客为主"，生产者主动对平台标签以凸显乃至"呼唤"。例如，在 B 站现今的多元化发展战略中，其以之发家的"二次元""亚文化"已经被愈渐多样的内容门类所排挤。虽然平台的多元化发展一定程度上造成了"亚文化"内容比例的缩减，但就绝对数量而言，比起曾经以"亚文化"为主打的时期，B 站现下的内容量级较之当年反而丰富了不少。但不可避免的是，拥趸"亚文化"且怀旧的老用户们对此也表达了不满，在一定程度上反映出了对"先行者"的权力崇拜。这一现象涉及社会心理学层面，而非单纯传播学的问题。这种权力崇拜亦可例证于知乎社区。针对高质量学术型内容作出的"有曾经那个年代的味道"的相关评论，与其说是感慨，毋宁言是用户对自己"老一辈"身份的强调和凸显，以及在这种强调中获得满足感的体现。对于这种情况，当然可以用赫伯特·马尔库塞（Herbert Marcuse）或诸多学者的"小资产阶级劣根性"的理论逻辑加以评论，但对生产者来说，如何利用这种"状态"服务于内容创作活动，才是应当深入思考的问题。当这种对"共同体"的迎合或"缅怀"，从情感层面的自发流露转变为策略层面的自觉诱导，媒介符号便被生产出来。这种生产是平台、主体、用户三方参与共建的"空间创设"。正是在这样的"空间创设"中，内容本身便是社区，而社区本身也作为内容而进入其文化背景之中。生产者如若从"共建""交互"等视角出发来思考内容生产的最佳选题区间，将为高质量的内容生产打下更加坚实的基础。

二、生产者定位

如前所述，微媒体创意艺术是创新性、社会接受性和审美性的三方统一，并在此基础上创设出交互式思想空间的过程。虽然在时间层面上，这种空间创设需要等到生产者创设出文化产品实体之后才能生成，但在逻辑层面上，与其说是作者"创设空间"，毋宁言这种空间在逻辑上先于作者而存在，即生产者是"进入"和"参与"空间之语境，将"潜在"状态现实化。生产者并不是构成"生产者—文化产品—接受者"这一过程的第一环节，而是最后的环节。

路易·阿尔都塞（Louis Althusser）指出："意识形态的特性在于，它被赋予了一种结构和一种发挥功能的方式，以至于变成了一种非历史的现实，即在历史上无所不在的现实……"[①]这意味着，意识形态对于每一个内容生产者和用户而言，都发挥着广泛而普遍的统摄功能：结构先于存在，表象先于本质，客体先于主体。待创设的空间本身已经存在，作者所要做的是将其"填充"或"生成"。换言之，那些历久弥新的作品并不是因为它揭示了什么、开创了什么，而是因为它切中了什么，即在与时代精神的共振中将价值从表象中澄明出来。

因此，对于微媒体创意内容生产者而言，保持谦虚的学习态度和谨慎的介入态度是其选题得以切中公众诉求的必然要求。在网络场域中，生产者的内容定位只在相当有限的程度上由本人决定。如前所述，在空间的创设活动中，生产者居于最后环节，这意味着其内容生产必须且只能以用户的诉求为根本参考，而用户的诉求又同平台自身生发的内容环境相适应。因而在这个三方关系中，事实上生产者有相当大的"被决定性"。生产者在进行内容生产之前，唯一且必须要认识清楚的，是自己作为"共建者"而非"自由人"的地位。

生产者创作的自身定位与选题方向既要回应用户的诉求，又要回应平台的总体调性。唯有如此，生产者才能顺畅参与空间创设的一般流程，并在反馈结果上突出生产者的地位。只有在这个时候，生产者才能起主导作用。媒介产品是将空间以对象性的实体形式示人。正是这种"示人主体"的地位，为传统思想塑造了

---

① 路易·阿尔都塞：《论再生产》，吴子枫译，西北大学出版社，2019，第343页。

一种内容生产由生产者自由意志所决定的"假象"。微媒体时代的"去中心化"所带来的反叛维权和解构秩序的思想激情，则使得这种对自由意志无根据的傲慢的确信得到了进一步的增强。有一种错觉是，微媒体的成功者必然是个性鲜明而富有人格魅力的。这种错觉全然将消费符号与存在实体进行了错误的等同。在前文为"作者"这一范畴划定的定位分配中，主体的"符号化"以及主体对自身的"对象化"才是主体在网络场域中所展现出来的根本性质。

同样，用户对生产主体的崇拜，也从来不是真实的交往行为所建构的。在微媒体时代，主客体的交互性得以增强，但正如在这种交互性中作为个体的生产者所面对的是作为群体的用户一样，个体用户所面对的则是作为"符号"的生产者。"主体间性"仅存在于同质性身份中，而不会存在于传播环节。生产者在面对平台和"用户凝视"时将自身客体化，而用户在沉沦于媒介产品时亦再次将生产者客体化。即是说，只有当生产者不再是生产者，且不以生产者身份介入传播过程和生产空间之中的时候，才能够获得真实的平等交往。

但是，生产者既已不是生产者，又如何能够作为生产主体进入三方共建的空间呢？这一悖论事实上表明，对于生产者而言，只要其自身对象化，就必须将掌握对象化结果的权力让渡给"他者"。因此，与其说在这里探讨的是"生产者自我定位"，不如说这种探讨的准确表述应该是"生产者对对象化了的自我的定位"。这种定位或符号所携带的属性，唯有当其是被潜在的"创设空间"所认可的，才能够让自身成为生产者并进入三方体系之中。

因此，在微媒体创意生产中，生产者首先需要明晰的是：在三方共建的创设空间中，生产主体呈现在用户面前的综合性形象特征究竟是什么——也就是网络语境下常被讨论的"人设"概念。内容生产者在考察市场态势、进行自身定位的时候，需要仔细甄别和筛选所谓"人设"的应然特质，综合评价"人设"的适用性、合规范性、合道德性以及市场流行性等因素。这需要从用户和平台的角度去划定自身的适合范围，而不是罔顾市场的孤芳自赏。

三、领域定位

微媒体创意内容的创作必然要在一定的公共领域中进行。要讨论公共领域对微媒体的重要性，就要先从"公共性"（publicity）的概念开始。对于"公共性"的解释之一是："不仅意味着一个处于家人和好友之外的社会生活领域，还意味着这个由熟人和陌生人构成的公共领域包括了一群相互之间差异比较大的人。"①"公共性"对应着"公共领域"（public sphere），并在后者中呈现自身。对于微媒体创意内容的创作者而言，如果说第二点强调方向的规制性，那么在此要进一步强调的则是内容的规范性。这一规范性同样并非主体即内容生产者的自由选择，亦不是由平台和用户所划定；在更宽泛的意义上，它由整体性的社会和作为整体的公众的视域所决定。这种规范性对内容创作的决定功能主要体现在三个方面：

第一，选题内容的规范性。如前所述，谦虚谨慎是微媒体创意内容生产者进行活动的基础前提。生产者必须充分意识到，对于早已存在的"公共领域"而言，无论自身以任何方式介入，都是作为"后来者"以"融入"的姿态进行参与的。这就意味着，在选题内容上的规范性必须以先在的"公共领域"为准绳。"公共领域"虽可被视为一个抽象的、合一的实体，但究其整体与部分的关系而言，其自身与选题的关系却是以"面"与"点"的关系存在的。公共领域中的"点"，便是已发生了的、存在公共性的影响力先在内容。后来进入的内容生产者在使其选题进入公众领域之前，须对先在内容进行深入细致地考察。内容生产者对于这些"点"的赞同或反对、认可或批判等态度，与公共领域对其的接纳程度是密切关联的。如对业界前辈的致敬，便包含了赞同态度，这就可能吸引一部分前辈受众来促进自身发展。如果实现了与之互动，这种"名人效应"对于新的内容生产者而言是十分显著的。反之，若无视或忽视早已在某一社区公共领域内达成的普

---

① 理查德·桑内特：《公共人的衰落》，李继宏译，上海译文出版社，2008，第 19 页。

遍共识，则可能导致公众对生产者的内容进行批驳甚至抵制。如内容生产者发布对严肃话题的解构内容、具有违背社区价值共识的内容，易引发矛盾，使自身陷于舆论漩涡中心，严重的甚至可能引发舆论事件而受到限制和处罚。因此，对于内容生产者而言，选题内容的规范性要求其在介入社区公共领域之前，对社区已有较长时间、较深层次的考察与了解：内容生产者既要注重迎合平台心态和社区主流关注方向，又要避免"踩雷"，即对可能引发争议和矛盾的选题内容保持以谨慎态度。当然，这类选题并非禁区，但经验丰富者和运营成熟者在应对有关问题时会有更完善的处理能力和后续措施。对于新入行的微媒体内容生产者而言，把握好内容的规范性是首要要求。

第二，选题边界的规范性。选题边界的规范性，主要指选题方向及其所对应的内容构想对公共领域论题边界的挑战性程度：这种边界既指知识边界，亦指价值边界。"阳春白雪"和"下里巴人"都有其适用场景，正如学术平台不欢迎庸俗叙事、娱乐平台拒绝晦涩艰深的学术研究，把握好一个公共领域的知识边界，是使内容生产者不白费心机的良策。而价值边界往往和法律边界挂钩，如果说第一点的内容规范性所说的是以社区共识为基础的价值判断，那么这里要讨论的无疑是法律层面的、合法性的边界。对严肃叙事解构的一类选题，可能成为"爆款"，也极有可能"踩雷"。解构切勿逾越道德底线、法律红线，一个典型例子便是网络上曾出现的"名人恶搞表情包"。现如今，这种方式已被定性为历史虚无主义向意识形态领域渗透的基本手段，既被国家法律法规划定了红线，亦被平台审查机制所禁止。若创作者对此缺乏了解，或明知情况却仍以炒作为目的去触碰红线，这便是反公共领域、反社会价值的。从朴素的民族情感角度而言，如钱穆先生在《国史大纲》一书的序言中所说："所谓对其本国已往历史有一种温情与敬意者，至少不会对其本国已往历史抱一种偏激的虚无主义，即视本国已往历史为无一点有价值，亦无一处足以使彼满意。亦至少不会感到现在我们是站在已往历史最高之顶点，此乃一种浅薄狂妄的进化观。而将我们当身种种罪恶与弱点，一切诿卸于古人。此乃一种似是而非之文化自谴。"在网络空间成为意识形态斗争主战场的今天，微媒体创意的内容生产者必须自觉增强使命感、责任感，将产品的价值导向同国家意志、核心价值观相结合，加强微媒体内容建设与管理，营造安全健康的网络环境，维护网上政治安全和意识形态安全。

第三，选题匹配度的规范性。这一"匹配度"指的是选题与生产条件的匹配度。如前所述，生产者在传播过程中是以"符号"的形态"被呈现"给公众视域的，而去真实性的"符号"又作为用户所意欲的、平台所接纳的良性对象而存在。若通俗表达，这一"符号"即为生产者想要在网络环境中突出自身积极性特质"人设"的固定。一个"人设"既由选题决定，也由选题呈现。选题的类别、导向能将创作者的风格定位固定下来，并能逐渐聚合具有固定需求的用户，如"毒舌影评人""科普高材生""萌宠爱好者"等。"人设"一旦形成，选题对"人设"的决定性就转化为"人设"对选题的决定性。用户需要以相对固定的选题类别来予以匹配和维持，以实现创作者的流量获取和稳定收益。在这个时候就必须高度重视选题与"人设"的匹配度，以避免"OOC"（Out of Character，意为"不符合个性"）的问题。因而，保持谦虚谨慎态度的一个重要原则，就是谨防非专业生产者对专业问题的高谈阔论。如前文对"共同体"部分的说明，不仅相对固定的用户群体是一个有共同需求和喜好的"共同体"，相关行业从业者、同类内容的生产者等也都作为圈层文化的"共同体"而存在。这就意味着，当一个文科生高谈阔论量子力学时，"专业性"的边界便受到挑战，易导致"人设"与选题不匹配。如果在内容中出现了明显的错误、漏洞，此时生产者"异质性"所吸引的大数量、大范围的受众"福利"将会形成反方向的压迫力，极易导致原有固定用户群体的脱离。

四、策划方法

基于以上论述，创意选题的重要性和原则性当以澄明。那么，创意选题如何实现？以下将从可资借鉴的基本原则、基本方法与相关案例来分析，以提供更为全面的参考。

第一，以创造注意力为选题的首要原则。在信息爆炸的时代，用户很难被普通平庸的内容所吸引。这在题材选择上对微媒体内容生产者提出了更高的要求。一旦选题无法让用户有深刻的"第一印象"，即便是优质的内容也极易被忽略。唤起注意力可以从各个方面入手。例如，杜蕾斯的广告文案就常因其独特的创意令人拍案叫绝，其与"山西老陈醋"的互动营销文案是"亲爱的，山西老醋：感谢你。感谢你打开的醋意，让我看到她娇羞的一面。"这一段广告语看似普通，却将不同的品牌文化连接在一起，这就意味着将相关品牌的用户和关注者集聚到一起。同时，品牌互动所引发的悬念和围观也创造了一种注意力。

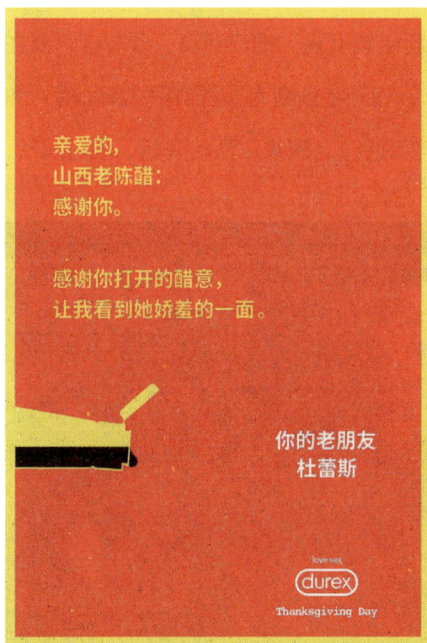

杜蕾斯"山西老陈醋"文案海报（来源：https://www.niaogebiji.com/article-72531-1.html）

山西老陈醋的互动文案回复（来源：https://www.sohu.com/a/2066553 93_697146）

第二，发挥重要节点、"名人效应"的价值。一些重大节日节庆的时间节点，抑或季节的更替、寒暑假的开始和结束等，都有利于生产者推出针对性内容以吸引用户关注。"名人效应"是营销宣传策略中常采用的方法，百事可乐曾经邀请孙悟空的扮演者六小龄童参演"把乐带回家"的广告。孙悟空是中国家喻户晓且老少皆爱的文学形象，六小龄童作为孙悟空这一经典形象的扮演者，极易引发集体怀旧情绪。百事可乐选择在春节这个全球华人共享的传统节日期间推出该广告，配之以"把乐带回家"的广告语，引发用户的情感共鸣，而"乐"字又巧妙地将品牌植入，让品牌与用户走得更近。

第三，以公众底线为边界，不逾越基本原则。悬念、反转等戏剧价值的标准皆适用于注意力创造，但在这一过程中，生产者应该恪守用户的心理和伦理底线。例如，支付宝于2016年春节期间推出了"新年集五福"推广活动，参与者只要在除夕夜之前集齐活动推出的五个"福"字（五个"福"字分别为"爱国福""富强福""和谐福""友善福""敬业福"）就可以平分大额现金。当该推广活动开始一段时间后，

百事可乐"把乐带回家"广告截图（来源：http://mt.sohu.com/20160102/n433255085.shtml）

就有用户在网上吐槽说集齐五个"福"字很困难，即便被拉进了一个个互换福卡的微信群，结果换来换去还是缺"敬业福"。网络段子也由此而生："洛阳亲友如相问，就说我缺敬业福""人生六大望而不得——长生丹、后悔药、铁道部的火车票；忘情水、情花毒，支付宝的敬业福"，随之而来的是参与者对活动提出的各种质疑。于是支付宝很快就把企业内部的聊天记录公之于众："别着急，到除夕那天晚上敬业福就都出来了，两亿元现金是要发出去的。"而该活动也借此收获了一大波流量。自此，支付宝"集五福"活动也成为不少用户惦记的一份年味。由此看出，创造注意力要"唯恐声浪不够大"，即越多人看到、体验、产生疑问、彼此讨论，网络关注度就越高。这里面关键在于把握尺度：一定要紧盯用户的价值底线、心理底线和伦理底线，在有底线的炒作与保障性规范的统一中，将稀缺的公众注意力吸引到微媒体平台上。

支付宝"集五福"活动（来源：https://www.tengzhuan.com/post/81770.html）

第四，保持"战略规划"和"战术执行"，让各个环节更紧凑。"韩梅梅"这个名字是许多80后、90后的童年记忆。2017年，百雀羚以《韩梅梅快跑》为主题发布了一条长达7分钟的微电影，该片将大家在初中教科书中所熟知的"My name is Han Meimei"的主人公韩梅梅进行了故事化的演绎，精心设计了一个需求大于收入，缺钱、缺安全感、缺爱、缺心眼，遭遇渣男李雷的女主角形象。她在老板的声声咒骂中惊醒，于是决心"回炉重造"，与虚伪的同事告别，不再委屈自己。该片在短时间内播放量达到6000多万次，微博话题量达到1187万次，"共青团中央"官方微博与其他微媒体平台都进行了转发。《韩梅梅快跑》的成功秘诀之一在于宣发策略，将PGC（Professional Generated Content，专业生产内容）与UGC（User Generated Content，用户生产内容）结合，充分运用微博等微媒体制造话题，强力造势。比如，通过微博输出"如果回到一个聚会，你想回到什么时候""我们总是在别人的口中被揉圆搓扁，最终活成了别人想要的样子。至于你本身是什么样子的，谁在乎呢"等话题或金

《韩梅梅快跑》截图

句，利用微信公众号"十点读书"等大号进行垂直矩阵传播。当《韩梅梅快跑》中的话题和金句频繁出现在各类社交媒体上，就成功激起大家的观看兴趣。在行之有效的推进下，主流媒体也纷纷介入相关网络讨论。回顾《韩梅梅快跑》的宣发历程，首先在微博、微信首发炒作热点，随后在各大微媒体平台进行话题战术性引导，打出了一套传播组合拳。《韩梅梅快跑》通过前期创作实现了优质创意落地，又通过后期宣发不断拓宽传播路径，成功找准用户痛点。这种既在战略层面思考问题，又在战术层面上分步推进的方式值得学习借鉴。

以上是微媒体创意艺术的基本选题原则。在具体实践方法上，则应倡导秉持"让选题既有创意又有意义"的准则。内容是微媒体作品的核心竞争力，早在纸媒和电子媒介时代，找到能引起观众关注的内容就已经是编辑记者的主要工作。时至今日，微媒体的海量信息使这项工作的难度倍增。选题策划意味着要集中优势资源解决重要问题，这是媒体之间较量的主战场，也是媒体增加用户黏性的主要手段。选题是媒体生产的核心，因此，对选题进行详细的归类分析就显得尤为重要。

在微媒体创意内容的选题类型上，大致可以归为三类，即预报式选题、跟进式选题和独创式选题。

第一类是预报式选题。例如在国庆节、中秋节等重大节日来临之前，生产者可以提前着手策划相应主题的选题。这类选题的优势是准备时间充裕，可以让生产者从容地论证策划并提前创意内容，待到节日当天发出时，其内容非常清晰丰满。不过，预报式选题也存在一定缺点：每逢重大节日，各大媒体平台都会扎堆发布相同主题的内容，此类选题常常由于竞争太过激烈而导致有限的流量被瓜分，从而相应的内容版块也由未知开放的蓝海市场变为已知残酷的红海市场。因此，在这种激烈的同质化竞争中，只有突破陈规，创作出标新立异的内容，才能让用户感受到媒体平台的新颖独特、卓尔不群，并让其感知到媒体平台内容生产的态度。例如，2017年八一建军节之际，人民日报新媒体推出"快看呐！这是我的军装照"互动H5。该游戏很快在同一时期推出的传统新闻报道

人民日报客户端"快看呐！这是我的军装照"H5产品（来源：https://www.sohu.com/a/275954758_786468）

中脱颖而出。很多网友将自己的微信头像换成了"军装照"，数亿网民把自己或家人不同年代的"军装照"晒到网上。预报式选题是"吃功夫"的，它要求生产者对社会历史文化等方方面面保持一定的敏感度和熟悉度，只有内容生产者知识储备足够丰富、对时代脉搏的把握足够敏锐且怀有满腔创作热情时，才能在选题时打开思路。

第二类是跟进式选题。这种选题要求生产者聚焦于跟进大事、要事、时事。譬如，2023年7月第31届世界大学生夏季运动会在成都举办，我们就可以从赛前、赛中、赛后的关键节点和代表性环节上发掘关联点。比如，顶流网红"蓉宝"系列手办生产自哪个城市？开幕式上"蓉宝"的扮演者有什么故事？"蓉宝"和我们家乡可否进行联动？"果赖"（过来）、"巴适"（舒服）还有哪些方言表达？尽可能多地关注与成都大运会相关的内容，尤其是细节，以"蹭热点"的方式进行有机关联。此外，跟进式选题还可以跟进名人，因为"名人效应"往往能够带来巨大且持续的流量关注。我们可以在坚守法律和伦理底线的前提下，关注有一定社会影响的人物，但要注意切莫侵犯他人隐私。同时值得注意的是，此类选题也具有一定的风险性。特别是在互联网用户一同参与信息挖掘的推动下，一些流量明星屡屡出现"塌房事件"，这就要求微媒体内容生产者严格遴选报道对象，尽量避免类似风险。

第三类是独创式选题。这类选题要求生产者时刻保持新闻人的职业敏感，思考公众将面对怎样的问题、关注哪些领域，挖掘社会上有哪些长期受到关注的焦点问题，以预测未来热点。独创式选题的特点是唯一性，即一个微媒体做的选题，其他微媒体不见得会想得到、做得出。这种选题往往风险大，耗费精力多，但一旦受到用户关注，带来的回报也更为丰厚。

选题是微媒体风格再生产的重要依据。在内容生产供过于求的时代，用户对特定媒体的特定选题是有心理期待的。例如，1984 年创刊的《南方周末》自 1997年发布主编寄语之后，在每一年的岁末年初都会发布新年献词，对于很多老读者来说，对每年新年献词的期待似乎变成了一种习惯。进入微媒体时代，读者不单从报纸上阅读新年献词，更多人选择通过手机阅读。读者们在阅读中可以盘点过去一年经历的种种事件，如 2023 年新年献词《总有奋不顾身的相信，总要坚韧恒久的勇气》、2021 年新年献词《哪怕世界在历史三峡中漂流，你我有彼此在》、2016 年新年献词《在巨变的时代相依前行》、2012 年新年献词《像一束光簇拥另一束光》……大到家国时事，小到自身发展，这些新年献词在陪伴读者回顾过往的同时，也给予读者前行的力量。又如，《北京日报》的专栏"长安街知事"是一个著名的时政新闻品牌，经常率先播报中纪委"打虎"的相关情况。久而久之，公众普遍会期待："又到周一了，'长安街知事'这周会有什么独家曝料？"从《南方周末》的新年献词到《北京日报》的反腐专栏，这些都是微媒体运作的成功案例。生产者通过优质的内容培养用户的阅读习惯，进而形成了相对固定的粉丝群体，这种"期待—黏性"的养成模式可以借鉴到微媒体创意生产中。

选题是微媒体竞争的重要战术选择。不同的微媒体有不同的平台定位、用户社群和内容生产方式，通过选题直接与对手竞争是微媒体人应该有的自觉意识，因此内容生产者须时刻保持好奇心、敏锐度和危机感。在选题思路方面，以下几条基本方法可供参考：

第一，用户意识。微媒体在创作过程中要时刻树立用户意识，找到用户市场真正的需求点。比如抖音上有不少点赞量、转发量"双高"的生活服务类账号聚焦食品安全问题，这类账号会教人如何辨别腐竹是否被硫磺熏过，如何在家自制辣条，怎样选购更具性价比的三文鱼，如何选购天然的、化学添加剂较少的食品等。这些看似是生活中的小事，实际上却是老百姓最为关心的"米袋子""菜篮子"问题，因此会获得广泛关注。

第二，反向操作。当其他网红们都在尝试最新流潮、最无厘头的事情时，坚持做最传统、最生活化的事情反倒会脱颖而出。比如曾火遍国内外社交媒体、倡导东方生活方式的博主李子柒。从她的微视频内容中，足见视频拍摄的讲究：地点多选在简单、自然的乡间野外；无论是插在陶瓶里的野花，还是最原始的制食工具，器具大都设计得朴素美好；视频中对话不多，大

中国内地美食微视频创作者李子柒（来源：http://www.wccia.cn/nd.jsp?id=87）

多配以劳动时的同期声，这些元素让观众将更多的注意力放在她动手制作美食的过程中。她的微视频叙事风格成为当下浮躁环境中的一股清流，桃花酿、荷花酒等食品的制作过程充满东方特有的淳朴田园气息，契合了当代人"诗意地栖居在大地上"的生活理想。

第三，举重若轻。对一些宏大的主题，生产者可以尝试采用轻松明快的方式呈现。譬如备受年轻人喜爱的网络动画《那年那兔那些事儿》，用诙谐生动的形式讲述一系列中国近代历史事件，润物无声地完成了知识性普及。比如，"讲好中国故事，记录新的时代"这一选题乍一看无处着手、很难把握，而国内短视频内容平台"二更"的处理方式是以小见大，用地铁司机、消防队等普通百姓的视角告诉观众：让世界变得越来越好的，是你我认真生活的每一天，不需口号和呐喊，只需要珍惜当下。"二更"视频多采用记录片的创作手法，不搞笑，不调侃，踏踏实实地用镜头记录正在发生的美好，这就是举重若轻。

二更视频《时代有我更美好》人物海报（来源：https://www.thepaper.cn/newsDetail_forward_4569998）

第四，大选题要有小切口，小选题要有大格局。以新华社于 2018 年两会期间推出的新媒体网页互动应用作品"听！56 个声音汇成一句话！"为例，这部新媒体作品综合运用了人脸识别、三维技术、音频合成、"摇一摇"等新兴媒体技术，邀请来自 56 个民族的代表共说一句"民族大团结，奋进新时代"，由此带来极大的流量和参与度。面对"民族大团结"的大选题，新华社明智地找到了一个小切口，进而成就了这样一个备受大众喜爱的、有纪念意义和趣味性的作品。同样的道理，小选题之所以有价值并值得一做，就是因为其背后必然存在着大背景、大视野。因此，我们在选择小处着手的同时，也要适度地进行主题升华，让用户感受到作品更深层次的意义。

第五，做一个优秀的"微故事"讲述者。在网络时代，微故事有众多类型，譬如微小说、微剧场、微视频、微专题、微电台、微直播等。以微小说为例："地球上最后一个人，他突然听到了敲门声。"这样简短的一句话，就是一个极好的微故事。这篇微小说虽然只有寥寥数字，但内在张力很大，会使读者展开想象：难道还有其他人生存吗？难道这个人并非地球上最后一个人？是有其他星球的生物造访吗？或许还有地球上的其他生物突然打开了灵智，敲了敲门？由此可见，好的微故事需要具备短小但发人深省的特征，才能用简洁的内容吸引读者。再例如，某高校三行情书大赛上有这样一则获奖作品："螃蟹在剥我的壳 / 笔记本在写我 / 漫天的我落在枫叶上雪花上 / 而你在想我。"这些纸短情长的文字也构成了意境深远、引人遐思的微故事。再如，将微电台、有声书结合起来的广播剧等微媒体新形式，能够有效地解放双眼，特别适合开车、用餐等场景下收听。又如日签、日更短小且温馨的推送等。当今的微传播时代下，人们不再拿出几个小时读报纸、看电视，而是利用一切的空闲时间来满足个人的信息需求。微故事满足了人们碎片化的阅读需求，也对微媒体生产者提出了更高的要求：要在有限的篇幅中激发用户共鸣，要采用见微知著、潜移默化的方式传递正能量，要在方寸之间一窥大时代、大背景、大趋势。有鉴于此，微媒体平台需要增强传播的日常性和渗透性，通过创意加工或分享日常生活中看起来不起眼却又能触动心灵的内容，以引导微传播、微创意写作者从一般的内容生产者向专业化创作团队进阶。作为微媒体内容生产者，可以先进行简短的内容创作以检验用户市场的反应，再不断调整创作策略。比如就拍摄微电影而言，一部电影往往时长在2小时以上，而微电影成本低、时长短、操作简易，是先期试水微视频创作的极好选择。

第六，主动承担社会责任。微媒体发挥着传递信息、引导舆论的重要作用，微媒体内容生产者首先要承担起传播正能量的社会责任，有效传递准确、真实的信息；其次，在传播娱乐性信息的时候要以客观理性为前提，这既是对用户的尊重，也是对自己的尊重。面对可能引发公众恐慌，甚至上升为社会事件的信息，要引起足够的重视、保持极高的警惕切不可盲目跟风。此外，从业者要在遵守相关法律法规、行业制度（即在服从制度与监管）的基础上对自身有更高的道德标准和理想追求，在组织程序、内容管理方面形成严谨的常态化流程和规制，加强行业自律和互律。

第七，把握好娱乐边界。我国的娱乐产业肇始于20世纪90年代，彼时，电视上开始出现综艺娱乐节目，比如经典的《快乐大本营》节目持续播出了很长一段时间。娱乐化的热潮源于社会生产力进步、大众生活水平的提高和媒体产业的快速发展，快节奏的城市化进程中，在公共空间中扮演着不同角色的人们需要一种宣泄方式来表达自我。改革开放后电子媒介普及前，人们通过交谊舞纾解社交需求。电视逐步普及后，特别是20世纪90年代末期以来，互联网和手机逐渐大众化，人们交往的途径更加多样和便捷。微媒体平台的出现，让日常平凡的使用场景产生了交互式狂欢。人们通过讨论共同追的剧、看的综艺达成一种浅层次、快速的交往和共鸣。随着年轻一代的成长，青年群体对传统、严肃的传播方式产生一种本能的对抗情绪，他们往往认为这像是来自长辈的说教，不少年轻人倾向于采用戏谑、搞笑、调侃的娱乐化语气沟通。娱乐化是现代人面对城市生活压力的一个放松方式，但对于网络娱乐化内容生产者而言，把握好娱乐化的边界是重中之重，否则便容易"乐极生悲"。"泛娱乐化"倾向引发的问题主要表现为：

1.传递不良价值观念。很多"标题党"文章和视频的第一句话，往往是类似"40

岁，你还没有 4000 万元身家的话就是耻辱"的导入语，这就传递了"财富等于成功"的错误价值观念。生产者应弘扬传递正确的价值观，坚守媒体人的原则和底线，才能输出符合社会认知与价值观念的观点与内容，营造清朗的网络环境。

2. 引发或诱导网络暴力。近年来，不少案件在网络上引发网友关注。一些网友通过人肉搜索，找到网络信息上当事人及其亲属的家庭住址、电话号码等个人信息，对当事人进行恐吓、语言攻击……这些都是网络暴力的体现。例如，2020 年 7 月，杭州一女子正常取快递被偷拍，被造谣"少妇出轨快递小哥"后遭遇了严重网络暴力。最高人民法院、最高人民检察院《关于办理利用信息网络实施诽谤等刑事案件适用法律若干问题的解释》明确指出，网络诽谤情节严重（同一诽谤信息实际被点击、浏览次数达到五千次以上，或被转发次数达到五百次以上）的，适用于刑法第二百四十六条"以暴力或者其他方法公然侮辱他人或者捏造事实诽谤他人，情节严重的，处三年以下有期徒刑、拘役、管制或者剥夺政治权利"。2021 年 4 月浙江省杭州市余杭区法院依法公开开庭审理此案，分别以诽谤罪判处被告人郎某某、何某某有期徒刑一年，缓刑二年。

3. 低俗营销。一些网络媒体故意打"擦边球"，发布充斥着低俗暗示、对女性及特定群体的不尊重等的网络图片，游走在道德和法律的边缘。

4. 挑战公共价值。对一些公认为对人类文明进步、国家民族事业作出重大贡献的人物，切不可以调侃心态和行为对待之。比如，一些网友调侃甚至恶搞英雄人物，肆意挑战公共价值，这种没有原则底线的哗众取宠，都将依据情节的轻重会受到治安处罚或被追究刑事责任，还要承担民事赔偿责任。

5. 传播虚假信息。近几年，一些突发事件被曝光后常常出现"反转"。之所以会出现这种情况，是因为在事件发生初期，一些微媒体不经核实就编造转发，一段时间之后又开始辟谣。作为微媒体平台的运营者和生产者，应自觉遵守媒体人的职业道德准则，同时也要提高信息甄别能力，"让子弹飞一会儿"，不造谣、不信谣、不传谣。

第四章

造微：微媒体创意艺术生产

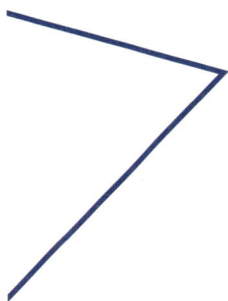

如前所述，微媒体创意艺术的本质是意识形态工具（当代媒介的新形式）对意识形态内容的生产。在这个生产过程中，媒介本身和媒介所传递的信息共同构成了其生产的产品——意识形态内容的组成部分。前文对平台、生产者、用户等范畴的诸多分析，彰明的是市场背景下资本逻辑对上述各环节的串联。

一、非物质劳动生产

创作需要"天才的头脑"和"充满激情的精神"，而商业化逻辑为此奠定了现实根基。若缺乏市场流通和资本运作，生产者包含激情的"心血"与"梦想"则很难变现。马克思在《关于费尔巴哈的提纲》中指出："全部社会生活在本质上是实践的……旧唯物主义的立脚点是市民社会，新唯物主义的立脚点则是人类社会或社会的人类。"[1] 特定社会的总体存在决定了该社会各构成部分的具体形态。这意味着，形态的呈现并不是一成不变的客观规律，也不是以主观意志为转移的个人动机使然，而是历史性地变革着的运动的要素。

放眼全球，在近代的资本逻辑中，艺术生产者不再像文艺复兴时期或启蒙运动时期的人们那样能任性书写梦想和才华。更直白地说，梦想和才华要受制于市场。生产者的心血和车间工人所生产出的零件一样，同样是商品，并具有资本逻辑所给予的市场性质，也同样受到价值规律的支配。一个对此类现象的恰当描述是"非物质生产"概念。20 世纪后半叶，意大利自治马克思主义研究的"一个主题就是试图理解近些年劳动实践的变化方式，以及新形式的劳动可能带来什么样的新的、更大的潜能"[2]。毛里齐奥·拉扎拉托（Maurizio Lazzarato）在《非物质劳动》一

---

[1] 《马克思恩格斯文集·第 1 卷》，人民出版社，2009，第 501-502 页。

[2] Paolo Virno and Michael Hardt, eds., *Radical Thought in Italy:A Potential Politics*, University of Minnesota Press, 1996, p.5.

文中，探讨了在后福特和后泰勒制下劳动的崭新组织模式。他给出了非物质劳动的经典定义："非物质劳动是生产商品的信息内容和文化内容的劳动。"[1] 而微媒体创意的生产，本质上就是"文化内容"的非物质劳动生产。

对于生产者而言，应持有如前文所述的"谦虚谨慎"的态度。需要持有这种态度的原因，并不仅仅是因生产者的思想、精神受到来自平台、接收者等范畴的规制。在现实性意义上，充满激情和才华的创意并不像部分创作者眼中那样富有崇高感，也并不全然依附于毫无生机的质料性生产环境，而是属于中性的范畴。从最精确的意义上说，可为主体性预留有限介质空间的流水线产物，同样具有可以为之效仿的——即具有可复制性的成功特征的生产过程、生产环节、生产规范、生产技术。正如马克思在《剩余价值理论》中所指出的："作家所以是生产劳动者，并不是因为他生产出观念，而是因为他使出版他的著作的书商发财，也就是说，只有在他作为某一资本家的雇佣劳动者的时候。"[2] 马克思认为："体现生产工人的劳动的商品，其使用价值可能是最微不足道的。劳动的这种物质规定性同劳动作为生产劳动的特性毫无关系，相反，劳动作为生产劳动的特性，只表现一定的社会生产关系。我们在这里指的劳动的这种规定性，不是从劳动的内容或劳动的结果产生的，而是从劳动的一定的社会形式产生的。"[3]

我们现已明确了微媒体创意艺术的本质及其普遍特征。然而，当前的问题正如前段所述，在于"崇高感"或者说促使生产者进行创作的精神动力被奠定在何处。虽然在资本逻辑当中，创作的激情和才华被商品和市场性所贬抑，但也正如本文对微媒体本质的概括，"有限自由"在这里是存在客观空间的。而这也就说明，"主

---

[1]　李春建：《对安东尼奥·内格里"非物质劳动"概念的学术考察》，《马克思主义与现实》2015 年第 1 期。

[2]　《剩余价值理论》，载《马克思恩格斯全集·第 26 卷》，人民出版社，1972，第 149 页。

[3]　同上。

体性"虽然对于内容创作来说无法起到决定作用，但也是必要的。无主体性则无内容，而在现实的时空领域内，无内容的形式是不存在的。因此，在这个"有限自由"中，促使其参与生产行为的精神动力，不仅仅是创作空间得以为其预留的权利，同样也是生产者本身的义务。

毛泽东同志指出，文艺是有立场的，是"为千千万万劳动人民服务"的，是"为人民的"，就最大部分来说，也是为"工人、农民、兵士和城市小资产阶级"的。[①]在微媒体内容生产领域，这种"为人民"的立场在一定程度上是受遮蔽的，或者说是混淆的。一个最广泛的错觉，是将如阅读量、转发量、打赏金额等实证数据解读为"人民喜爱度"。这种简单、扁平化的解读，完全可以被另一种逻辑阐释为"媚俗程度"或者"市场追捧度"。所谓的"最受欢迎"，究竟是"受人民欢迎"还是"受市场欢迎"，实质上也是生产者需要深刻思考的问题。对这一问题的清醒认识，将有助于实现市场流行性的"爆款"特质和理性主义的艺术特质之统一的精品生产要求。

二、标题拟定

在第三章论述兴趣定位环节时，我们强调了创造性和规范性对吸引观众和适应平台调性的重要性。生产环节与此类似，掌握好标题拟定的艺术，不仅能对内容，还能对传播过程的环节发挥积极作用。

有一个典型的例子，法兰克福学派创始人马克思·霍克海默（Max Horkheimer）在《传统的和批判的理论》一文中提出了一个具有很大影响的命题，即"马克思主义的本质特征是批判"。他认为，马克思把他许多重要著作的标题或副标题定为"批判"，决不是偶然的。他强调，他的使命就是恢复马克思主义的批判性的

---

① 《毛泽东选集·第3卷》，人民出版社，1991，第854-855页。

本意。① 在马克思主义经典文本那里，"批判"的特色不仅在文章标题中彰显着其理论风格、理论特质且为人所知晓，还在漫长的历史过程中逐渐演化为其个人标签，使得这一"人设符号"被文本进一步强化，成为马克思主义的思想立场"代名词"。这不仅意味着，标题可以发挥统摄全文内容和行文方向、价值特质的作用，还意味着，它可以同整个传媒生产过程的各个环节相互联系、相互作用、相互连通；其不仅是"1+1""部分之和"的效果，而是在构成全环节的统一中实现着对整体的影响功能。

因此，如果说选题是对"先在场域"或"潜在的创设空间"的呼唤之"回应"，并在正确"切中"整体精神中积极反馈给空间本身，那么标题则将这种积极反馈以其特有的融合形式固定下来，使之在文本中给接收者以"直观"。任平教授在其"出场学"理论中提出："文本意义、文本理论形态实际上只不过是出场形态，是受出场语境和出场路径决定的。"② 这一观点虽然存在值得商榷的地方，但也一定程度上反映了内容的呈现对于用户理解内容本身具有巨大影响。

对微媒体创意内容生产者而言，"交互性"特征决定了看待这一事物的方式不能以机械唯物论的理论逻辑思考，即不是以"先有什么，再有什么"的逻辑链去构建。以现象学的方式看待，"看的方式"比"看到的东西"在用户那里更有决定意义。因此，对于生产者来说，必须要考虑到用户是以怎样的视角、怎样的观念来看待和评价作品的。作品的标题对应着"直观"这一最强烈的意向性层次，这就意味着，标题除了发挥一般的内容概括功能外，还应该尽可能勾画出作品所特有的"标签性"。

"标签性"包含两个方面的内容。一方面，是通过对某一内容类型的反复强调，加深用户对作品垂类的印象，使其发挥"功能引流"的作用。例如，B 站 2022 年度百大 UP 主（网络视频上传者）"小约翰可汗"的作品内容侧重历史科普，知名

---

① 陈学明：《"西方马克思主义"命题辞典》，东方出版社，2004，第 14-15 页。
② 任平：《论马克思主义的出场形态》，《河北学刊》2005 年第 4 期。

UP主"有山先生"的作品内容是古文知识科普。这种标签印象既通过内容本身意蕴所形成，亦通过视频或直播标题所刻画。如"小约翰可汗"的《苏联为何而强大？》《如何用外交得罪所有大国？》《如何让纳粹成为大冤种？》，"有山先生"的《三星堆前背诵〈蜀道难〉，我悟出了养生之道》《男人过了20岁，就要背诵〈垂老别〉》《中文系小伙走火入魔，在洛河里背诵〈洛神赋〉》等。观众通过这些标题，就能直观认识到UP主专门生产的类型内容。另一方面，这种"标签性"也使生产者的内容特质深入人心。在刚才列举的6个标题中，"小约翰可汗"所使用的标题可以拆分为几个元素：疑问句、历史名词、幽默感；"有山先生"所使用的标题则可以拆分为：陈述句、书名号、动词、语境（"过了20岁""三星堆""洛河"）等，这些重要元素能让人感受到UP主的人格魅力，对"小约翰可汗"所经营的"戏说但不胡说历史"的人设、"有山先生"所经营的"癫狂书生"的人设，有直观的建构和强化作用。这也正体现了标题与内容、标题与生产者乃至标题与用户的连通性和交互性。

微媒体创意艺术的各链条从来都不是分别发挥作用的，而是在贯通中使整体得到强化的。要想实现这种整体性功能的增强，最上乘的原则依然是加强创造性与规范性的统一。这里不妨以B站知名UP主"野生大肥扬"举例，先来看以下四个标题：（1）《幸运的他，拥了完整的童年》【恶作剧挑战163】；（2）《妹子能有什么坏心思，她只是想摸摸铁血战士的头发罢了》【恶作剧166】；（3）《我只是保留了一部分蒜的味道》【恶作剧169】；（4）《这一摔，少说也得丧失几年的择偶权》【恶作剧172】。在这几个标题中，除了"恶作剧"标明了内容创作的主要类别、发挥着功能性作用以外，还存在着一个共性，即对"网络梗"的自然融入。如（1）中的"完整的童年"、（2）中的"有什么坏心思……只是……"、（3）中的"我只是保留了一部分……的味道"、（4）中的"这一……少说……"和"择偶权"。这些"网络梗"不仅具有自身的热度，而且使内容创作的话语体系和话语方式同粉丝社群文化达成了匹配，以"隐喻"的方式突出了产品内容。"梗"的用法之所以流行，就是因为其实现了"原初语境""流行语境"和"当下语境"

的三方统一，既能够为言说者和倾听者建构共同体，也能够树立起用户社群话语的边界，进而反作用于话语共同体的强化。

在上述4个例子中，(1)"完整的童年"隐喻"大多数人小时候错过的事"，(2)"有什么坏心思……只是……"隐喻"理不直气也壮"的可接受范围内的"淘气行为"，(3)"我只是保留了一部分……的味道"来自一位厨师对"九转大肠"没有去腥到位的强词夺理，一般也具有"强词夺理"的隐喻，只是在这个例子中仅仅发挥了"蹭热度"的功能，(4)"这一……少说……"句式来自"这一拳少说也有十年功力"，突出程度的强烈，而"择偶权"则通过"丧失"和"带来"隐喻"丢人"和"优秀"。正是这些具有社群特色的、不被其他公共场域所熟知的"梗"，以其意识形态性统摄了目标用户的自我认同，使得创作内容更容易被目标受众所接受。

这种标题创作手法也经常被主流媒体所采用，如共青团中央B站官方账号"共青团中央"的视频标题：(1)《【探窗】开口跪！单曲循环停不下来了……》，"开口跪"和"单曲循环"都隐喻"音乐动听"；(2)《这群大学生火了，汪峰也在求联系……》，隐喻"年少有为"；(3)《【别人家的老师】被物理耽误的音乐家》，隐喻"多才多艺"。这些被长期社区用户所潜移默化、理所当然接受的"话语体系"，对于生产者迅速融入环境并与读者建构"共同体"发挥着积极作用。从这些例子可以看到，创造性既体现在对"共同体"的介入活动本身（对比平台之外），也体现在生产者自身的内容（对比平台内其他作品）；规范性既体现在公共领域可接受范围内的内容，也体现在对特定公共领域的话语体系的接受和熟练应用。这种创造性和规范性的统一，构成了一个个吸引眼球、符合平台风格且具有用户亲和力的成功标题，这也恰恰从侧面印证了生产者深入考察平台、做好前期调研的重要性和必要性。

三、内容导向

所谓规律，是"事物在一定条件下发展的本质联系和必然趋势。它决定事物发展的基本过程和方向，具有普遍性、重复性等特点"①，具有"固定"之意蕴和鲜明的应用性。正如毛泽东同志所说："不论做什么事，不懂得那件事的情形，它的性质，它和它以外的事情的关联，就不知道那件事的规律，就不知道如何去做，就不能做好那件事。"② 除了一般的学术研究活动是以规律本身为目的，大部分活动都是把已被揭示的规律当成手段或指导来应用实践。如对网络空间群体行为的差异规律、时间演化规律等的把握，能够对政府网络治理活动提供理论参考③——这体现了规律的实践价值。

事实上，规律之所呈现的，既是某一事物客观运行方式的客观呈现，又是人们对其认识方式的主观呈现。对于微媒体创意内容的生产者而言，把握已知的媒体生产和运行规律也非常有必要。生产者应主动学习行业内头部媒体的"成功案例"或行业方法论归纳者所提供的"成功模板"，不要因为"千篇一律"而对其心存抵触。

在商业逻辑中，"个性"要服从于市场运作的要求。换言之，"个性"之所以能够作为"个性"在网络中彰显，正是因为有平台和整体的规范性公共空间的"默许"。这意味着，"个性"本身是一种能够作为"成功案例"模板的"符号"，即作为一种实现"爆款"捷径的"人设"。因而，有一部分成功的微媒体内容生产者，在网络上宣扬自己特立独行的风格特色和另辟蹊径的内容观点，利用"个性"来塑造"人设符号"。如"有山先生"所塑造的"癫狂书生"形象，在这种

---

① 马全民等：《哲学小辞典》，人民出版社，1990，第 109 页。
② 《毛泽东选集·第 1 卷》，人民出版社，1991，第 171 页。
③ 汤志伟：《网络空间群体行为规律与政府治理研究》，人民出版社，2014。

"人设"已深入人心的前提下,如作者发布披着棉被、邋里邋遢走上大街的视频,非但不会被解读为"哗众取宠",反而会生成"他就应当如此"或"他本来如此"的"可接受性"。这无疑为生产者带来了新的关注点,也带动提升了生产者旗下其他微媒体产品的影响力。除此之外,前文"共青团中央"的标题案例也已证明,虽然作为官媒已经具备"流量基础",但仍需要洞悉平台特色和熟练掌握网络语言,以进一步扩大用户数量和覆盖范围,提升传播力和影响力。这种"模板式"的遵循无疑是普遍的、市场性的:它一方面能更好地切合平台和受众的喜好,另一方面也能以符号化的方式扩大生产者"有限自由"的范围。

四、叙事视角

"视角主义"(perspectivism)是一度风靡于现代法国的主体性哲学思潮之一。这一概念可以被简单理解为:世界在我们眼中的呈现,是由我们看待世界的方式决定的。正如电影会以不同的讲述者、场景、分镜等叙事元素来推动剧情发展,而观众在观看电影时所选择的视角会影响其对整部电影风格、水平、内涵深度等的评判。视角,促使观众形成了对作品的总体性评价。

在微媒体创意生产中,对视角的把握,是内容生产者在有限创作空间内所享受的为数不多的自由的可能方式。如果将微媒体创意内容理解为话语、文本,那么,视角的交换意味着与用户交流内容、交流场景、交流方式的变化。对于用户而言,视角的变更不仅意味着生产者"引导"的变化,也意味着用户的"接受"能够在这种变更之下得到进一步完善和充实,并由此衍生出单一视角不能体察到的更多趣味性。在非文本叙事的微媒体创意内容(如图像、视频)中,视角的变更与镜头的变更直接相关。叙事的直观中介是镜头,镜头勾勒出创作者的思维方式,并将其传递给用户。在不影响正常内容流向和用户观看体验的前提下,多样化的镜头与视角可以有效增进生产者和用户之间的交流。镜头愈丰富,则视角愈多样,反之亦然。因此，在镜头叙事中，内容生产需要对技术层面的事物作进一步关照。掌握相关的技能技巧和方法论原则，才能够更好地完善产品。为此，创作者需要注意以下几点：

第一，可以"随手拍"，不能"随便拍"。随手拍照记录生活是非常棒的习惯，能够丰富日常生活的审美体验。我们只有在日常生活中养成随时发现美、记录美的习惯，才能在正式拍摄时游刃有余。但是，作为媒体生产者，光有发现美的眼睛和动机还不够，还需注意不少事项。一方面，要清楚认识到"随手拍"并不意味着什么都可以拍摄；另一方面，即使是"随手拍"也要注意拍照的方式方法、构图技巧、拍摄内容等，以减少废片，提高出片率。

第二，注意"肖像权"问题。在拿起手机、相机拍摄之前，首先要思考的是是否征得了被拍摄者同意。《民法典》第1018条明确了"肖像"的含义："肖像是通过影像、雕塑、绘画等方式在一定载体上所反映的特定自然人可以被识别的外部形象。"《民法典》第1019条规定，"任何组织或者个人不得以丑化、污损，或者利用信息技术手段伪造等方式侵害他人的肖像权。未经肖像权人同意，不得制作、使用、公开肖像权人的肖像""未经肖像权人同意，肖像作品权利人不得以发表、复制、发行、出租、展览等方式使用或者公开肖像权人的肖像"。我们常见朋友圈中有这样的街拍：街边打盹儿的环卫工人、工地上搬砖的农民工、休息中的快递小哥、"网红打卡地"的游人等。拍摄者的初衷可能是记录自己的生活，或是向努力生活着的平凡人致敬。但是，被拍摄者是否知晓自己已被相机定格了呢？如果你想表达的是同情，而被拍摄者本身热爱着并为这份平凡的工作而自豪，那你的致敬恐怕是对他人生活的妄加揣测。其实这时候，拍摄者已经在侵犯他人的肖像权了。要知道，拍摄者镜头中的普通人并非公众人物，他们也未必想成为我们照片中的主角。所以，如果是公开发布的照片，一定要征得被拍摄者的同意；如果要用作商业用途，必要时还需要向被拍摄者支付一定的报酬。

第三，区分公共空间与个人空间。公域与私域有清晰的界限，一般而言，公共行为包括工作行为、社交行为等，这些可以被记录到照片中，但对于一些具有隐私性的个人行为则不能随意进行拍摄。因此在拍摄照片时，拍摄者一定要清楚什么是公共空间，什么是个人空间；什么是公众人物，什么是普通公民；什么是公共行为，什么是个人隐私。

第四，自然记录，拒绝摆拍。拍照是对真实生活的记录，更是真情实感的流露。初学者可以多观摩学习高规格摄影比赛的获奖作品，这些作品大多兼具时代感、美感和高超技巧。纵览普利策奖、荷赛奖、奥杜邦摄影奖等世界级摄影大奖的获奖作品，不仅能看到构图精美的"大制作"，也能看到不少普通人的生活。由此可见，即使是世界级摄影大赛获奖作品，打动人的也不仅仅是拍摄者的摄影技巧，更是拍摄者观察世界的视角以及照片所记录的历史和故事。或许，我们很难在平凡的生活中亲历这些世界级摄影大奖得主们经历的重大事件，但他们记录自然生活的方式值得我们学习借鉴。

第五，中近景为主，慎用远景和特写。对于微媒体用户而言，手机是最常使用的信息获取媒介，因此生产者在拍摄视频和照片的时候要充分考虑到后期作品在目标媒介，尤其是手机屏幕上的呈现效果。如果拍摄的是远景，因所呈现的信息元素太多，用户往往很难在手机上清楚地观看主体；如果拍摄的是特写，则会因过于逼近拍摄对象，导致有限的信息量占据大半个手机屏幕，同样不利于读者获取信息。故此，在拍摄视频和照片的时候，生产者要根据选题和拍摄内容谨慎选择拍摄景别。对于新手来说，则要格外留意这一点。

第六，拍摄花花草草不如拍摄锅碗瓢勺。记录生活就是记录生活中真实发生的事情、真实可感的人物。在繁华盛开的季节，常见到有摄影爱好者带着昂贵的拍摄设备，在公园、绿地、野外等拍摄云霞落日、花草飞鸟。但是，与其拍摄千篇一律的美景花草，不妨将人物置于风景之中，或者选择拍摄更加有生活感和故事感的"锅碗瓢勺"，这样的场景常令人有所触动和启发。微媒体生产者要善于捕捉具有视觉冲击力的瞬间，适度运用一些拍摄技巧有助于提升视觉效果。以下案例及所应用的技巧可供微媒体创意生产者参考。

首先，建立视觉关系。仔细观察图例可见，这张照片采用黑白色调；在构图选择上并没有聚焦到两个人物，而是故意拍摄了书架的全景，夸张了整体的比例，给人以生命的沉重感、孤独感、压抑感；运用了平衡、留白、前后景深、三角构图、对角线构图等美学原则等拍摄技巧。可以想象一下，这张照片如果不用黑白而改用彩色会怎样？如果不用这种构图而改用特写会怎样？自己可以尝试拍摄，并对比体会一下。

老夫妻用餐（源自网络）

其次，让有意义的细节入镜。例如那张曾给人留下深刻印象的希望工程宣传海报上的"大眼睛女孩"照片，山区女孩的大眼睛中写满了对知识的渴望，拍摄者正是抓住这一有效细节打造了经典作品。

"大眼睛女孩"（来源：https://www.163.com/dy/article/FSMQ65110516E3BK.html）

再次，突出反差和对比。通常来说，各种元素之间的反差越大，照片的故事表达力就越强。例如下面这几张拍摄于印度和墨西哥等地的照片，拍摄者用这些照片反映同一拍摄地的贫富差距之大。一墙之隔，我们看到的是两个完全不同的世界：有的高楼林立、干净整洁，有的拥挤简陋、破败不堪。这几张照片展示出同一片土地上完全不同的两种生存环境，在各种元素的对比下，贫富差距这一主题被有效地表达出来。

俯瞰地球上的贫富差距（来源：https://baijiahao.baidu.com/s?id=1629347921706873882&
wfr=spider&for=pc）

对于微媒体摄影而言，也有一些在技术层面需要注意的地方：

第一，好观察比好设备更重要。观察是拍摄者认识世界、获取图像的重要手段，也是艺术创意的重要途经。英国教育家赫胥黎认为，观察就是"感觉＋选择＋理解"，这对摄影观察具有同样的指导意义。图片、视频是借以唤起观众兴趣的工具，拍摄者首先要通过观察捕捉到拍摄对象的突出特征，然后从大量画面中选择一个具体的部分进行隔离和聚焦，最后积极思考具体部分的意义并将其呈现出来。如此一来，照片便借由影像实现了意义的转化。

第二，善用环境要素进行表达。特殊的环境要素会让摄影表达产生特殊意义。比如拍摄人像时，如果把钢筋栅栏作为前景进行拍摄，就会让观赏者感觉被拍摄对象受到了拘束，这是一种空间分割的效果。同理，如果两个被拍摄者中间有一个柱子，会让人感觉到两个人的立场有明显分歧。在下图这张人像中，拍摄者使用了樱花的环境要素作为前景，让人像蒙上了一层朦胧烂漫的色彩，使整张照片充满青春美好的氛围感。

樱花人像（来源: http://www.cnu.cc/works/522459）

第三，遵守摄影伦理。在摄影中，拍摄者遵守拍摄伦理和规范十分重要，尤其是在涉及敏感主题时。首先，要尊重拍摄对象的权益和感受，避免虚假拍摄。其次，要尊重当地文化，不可影响社会秩序。再次，要爱护公共环境，尽可能地保护自然生态和公共设施。此外，"以营利为目的"盗取正版影视资源、在影院偷录院线大片，都是侵犯电影版权的违法行为。观看影片的合法正规版本，既是作为观众的自我要求，也是对内容生产者最大的尊重。

第四，要会"减法"，也要会"加法"。所谓"减法"，就是在拍照过程中适当减少要素，重点突出主体。而"加法"，则是通过景物、风景的变化，把更多的要素放入照片，并在诸要素的联系和对比中产生意义。善于捕捉情感的黑白摄影师杰森·彼得森（Jason M. Peterson）擅长用阴影、角度、线条描画城市人文，往往在单调的纹理和空旷的环境中点缀人物，他的作品擅于在"做减法"的简约背景中"做加法"，摄影作品中人物的加入让整个画面变得更加生动，更加充满故事性。

芝加哥摄影师 Jason M. Peterson 摄影作品（来源：https://www.163.com/dy/article/GBJJ23JM05386L40.html）

第五，建立图片档案，制作信息标签。制作信息标签是高效管理和检索图片的有效手段。在电子数据泛滥的今天，人们拍摄的数字影像素材大都数量众多且杂乱，它们往往记录着大时代和个体生活，可能在未来某个特定时间发挥重要作用，也可能对某些人、某些事甚至整个人类社会产生重要影响。学会以时间、事件、人物、文件类型等进行归类整理并及时归档，是微媒体生产者必备的职业素养。

第六，不断练习，反复实践。摄影大师的养成是漫长且艰难的，其起步阶段很难避免拍摄一些"言之无物"的照片，这是成长的必经阶段。在工作初期，要不断磨炼技术，习得新技能、解锁新本领。随着大量的练习，"废片"会越来越少，"出片率"会不断提高。此外，还要多关注一些高水平的摄影比赛作品，不断提升审美水准，只要在摄影上投入了更多精力，摄影水平自然会提升，进而为微媒体创意创作更多优质视频和图片素材。

五、极简驱动

当下，微媒体已经进入"极简时代"。"极简"首先源自阅读介质屏幕尺寸的限制。相关研究显示，最适合单手握持的手机屏幕尺寸是 4.7 英寸，如果双手配合使用，最好不要超过 6 英寸。手机屏幕的上限是 7 英寸，如果超过了这个限度，那就叫平板了。7 英寸以内的手机屏幕所能呈现的信息量非常有限，若想要吸引读者，我们要做的就不再是丰富和扩充内容，而是精简和提炼内容，让有限的内容更加"抓人眼球"。具体到媒体层面，"极简"指的是大众习惯了使用更为便捷、小巧的媒介沟通工具交流，从而更加依赖微媒体，青睐"轻内容"。在某种程度上，这也意味着大众拒绝深度思考，更倾向于摄取趣味性、碎片化的内容。

在微媒体时代，手机的重要性不言而喻。正如麦克卢汉所指出的"媒介即人的延伸"，手机正如人类的身体器官一般，深度参与着我们的日常工作和娱乐生活。等公交车的时候、办公闲暇的时候、等餐间隙……在这些细碎的时间段内，大众不可能有大量时间和专注的精力。因此，当面对浅消费、浅阅读的动机和需求时，微媒体内容生产者便不能选择过分复杂的叙事，否则会在阅读和使用上为用户带来困难。所以，不论是微媒体用户还是生产者，都想要选择有益的、满足需求的信息。微媒体内容越繁琐，筛选越麻烦；输出的内容越简短，筛选起来相对越快捷。从内容推送的角度看，算法的广泛应用使产品和算法仿佛在相互训练：算法基于搜索机制而为不同内容打上标签并将其推送给特定人群，而越长的文章意味着标签越多，算法难以识别其内容属性，传播速度就会变慢，流量倾斜就会减少。

不管从哪个角度来说，当前微媒体传播环境更提倡一种简约、简化、简单的内容传播方式。针对当下的传播特点，要做好微媒体创意内容生产就必须处理好"少和多""简与繁"之间的辩证关系，从具体方法上可以归纳为以下几点：

第一，少文字，多画面。比起大段的文字输入，现代人聊天更喜欢使用表情包。一来简明高效，利用知名电影、电视剧、相声、小品的片段剪辑的故事性表情包，加上"网言网语"，可以有效对接聊天圈层；二来便于表达潜台词，比如"哈哈"的表情包表示"已经没什么可聊但总要发点什么"，"晚安"的表情包表示"别打扰我静静地玩手机"。相对于文字，图片更为简洁且表达更为直接。画面包含的内容和元素比文字更丰富、更直观，表达也具有多义性。因此，我们要处理的第一个"少和多"的关系就是要少用文字，多用画面。

第二，少长句，多短句。早期的微媒体往往都在"做加法"，比如当年的新浪博客。不少用户在博客上写长文、做连载、开专栏，吸引粉丝关注，从而成为 KOL（key opinion leader, 关键意见领袖）。但伴随着互联网和通信技术的发展，人们使用手机阅读图文甚至观看视频的消费成本越来越低，也越来越便利。技术的迭代深刻影响着微媒体的内容建设，辉煌一时的新浪博客逐渐被新浪旗下的另一款产品——新浪微博所取代。之后，那些习惯了使用电脑和在新浪博客网页上撰写长文的 KOL 逐渐转向了新浪微博，开始"做减法"。他们使用手机编辑 140 字以内的微博，附上数张图片或者一段视频，将观点以短、平、快的形式输出给用户。相较于长篇大论，简洁的观点输出更受欢迎，也会吸引更多的关注和流量。要多用短句来简单明快地表达自己的感受，少用长句子和复杂的句式，避免用户因找不到内容重点进而放弃阅读。

第三，少虚夸，多务实。为了吸引眼球、唤起注意力，有些生产者喜欢采用一些极端化的表达方式来虚张声势、夸大其词，由此出现了不少"标题党"文章。如果长期采用这种过度娱乐化的方式，在赢得短期关注的同时往往会把"路走窄了"，即让自身陷入浅薄的定位而给用户留下刻板印象，此后就再难往严肃内容生产者的方向发展。因此，微媒体生产者应以长远发展为考虑，踏踏实实做文章，老老实实挖内容，为日后多元化发展蓄势。

第四，少长文，多短篇。相关统计显示，用户在阅读文章时，如果换屏超过三次，就容易感到烦躁。因此，现在的微媒体大多对较长的文章进行"部分阅读"的处理：先写140字左右，如果读者产生兴趣、点击"阅读全文"按钮，就可以看到全文；如果用户认为看140字左右就够了，那么下面的文章内容便会被收起而不再显示，用户可以直接阅读下一篇文章。因此，生产者在写文章时要学会先写分段式内容，将文本切割为不同的模块，整体概括后各自推进。如果一定要写长篇内容，可以考虑采用多文推进的方法，即先写一段简短的内容（比如一条微博、一篇短文或一篇微信推文），之后通过超链接的方式引导读者进行深度阅读。

第五，少手势，多互动。手机的功能特性决定了手机界面上可以有很多手势性操作，比如扫描二维码、"摇一摇""点个赞""点个'在看'"等。这些外在的互动方式所发挥的作用是有限的，微媒体生产者应当把更多的注意力放在内容互动上，即让内容本身引起读者的共鸣，让读者有参与讨论的热情和互动的动力，以激发用户的互动欲、分享欲。

第六，少炒作，多"干货"。在社交媒体发展早期，大众见证过太多炒作式营销，其中不乏引起过全民关注之后就销声匿迹的。例如，一句曾经爆火的"贾君鹏，你妈妈喊你回家吃饭"，没有什么实际内容也缺乏具体意义，但这句话的阅读量达到上千万次。虽然形成了较为广泛的传播，但是这种炒作属于典型的"为炒作而炒作"。微媒体的可续持发展应切实做好选题策划和内容生产，以正能量引导大流量。

第七，少冲突，多协同。作为内容生产者，我们要维护好传受关系，与用户进行积极的良性互动。同时，也要与竞争对手保持公平竞争、相互学习的关系。我们应充分理解认识到"网络空间命运共同体"的深层涵义，所有创作者共享一个公开的网络平台，是共有共生的状态。生产者们应该打开眼界和格局，着力提升创作能力，努力成为优质内容生产者，在参与和分享中获得成长和机遇。

第八，少重复，多创新。在内容生产上，应坚持正向引导、守正创新，尽量选取题材新颖、符合大众审美的呈现方式。只有主动求变、不断推陈出新的媒体，才能够不断增强引导力，培养黏性较强的用户。

概言之，微媒体生产者要在"碎片化"和"轻阅读"两个方面多做文章。要充分考虑到，用户是在复杂环境下进行信息和知识的获取，要把用户的体验与感受置于最重要的位置。只有不断优化用户体验、增强用户黏性、培养粉丝群体，方能营造良好的网络舆论生态，持续提升微媒体的传播力和影响力。

第五章

赏微：微媒体创意艺术用户

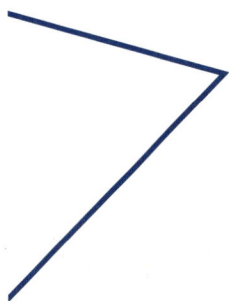

一、新用户画像：当代网络传播对象的特质分析

我们可以将"受众"和"用户"这两个词做个比较。一个是"受"，一个是"用"，从行为学的特征来说，"受"是被动的，而"用"是一种主动性、交互性的行为；一个是"众"，一个是"户"，"众"是一种群体性特征，而"户"更强调个体性、差异性特征。如果从概念方面进行分析，"受众"指传播行为的接受者，是传播活动中信息流通的目的地，是传播活动产生的动因之一和中心环节之一。[①] 而"用户"一词的使用场景大多与微博、微信这类具体应用一起，多指使用某种产品、服务或技术的人。

从受众到用户，这个过程看似是一个从被动到主动、从群体到个体的变革，实际上反映了一场互联网革命。在互联网时代，我们更看重个体对产品的使用体验和感受，因此更强调用户的个人特征，而不是像传统传播更看重收视率、发行量之类的概率性、群体性特征，这一变化是十分重要的。

（一）用户调研

目前的调查分析工具主要分两类：一是在公开平台上使用的开放式工具，例如百度指数、神策数据、用户问卷等；二是调查公司、数据分析公司专门开发的调查分析软件。用户数据是基础，调查分析方法的使用是使数据逻辑化、结论科学化的重要前提。我们可以借助访谈、行为观察、文献研究等传统方法，或者数据分析、问卷分析、用户比较、用户画像、用户标签等现代手段进行用户研究，使用的手段越多样，对用户的认知就越全面。通常情况下，一种方法并不能得到

---

① 新闻与传播编辑：《受众到用户的演变，他们有什么联系和区别？》，传媒智库，2019 年 7 月 14 日，http://www.media-learning.com/communication/communication401.html，访问日期：2023 年 2 月 16 日。

全面的分析，综合运用多种无交叉、相互印证的方法才是科学的路径。

1.调研步骤

用户调研步骤（来源：https://www.jianshu.com/p/c525f10b0678）

　　用户调研是耗时耗力的一项工作，就必要性而言，需要首先思考：这是在什么情况下发起的调研？是否必须通过用户调研来解决？如果有些课题经过数据统计分析就能解决，就不一定必须通过用户调研来解决。用户调研的目的主要有两个：第一大目的是对用户进行分类、分层管理，在这种分类、分层过程中抓住主要矛盾和核心用户；第二大目的是实现媒介生产的智能化，智能化就是指智慧化的生产，生产者能根据用户的反应、需求的变化以及用户态度的变化，调试传播行为和传播策略，让产品尽量满足用户需求，给用户带来更好体验。

2.分析步骤

　　用户调研是用户分析的一种方法。用户调研会得出用户画像，以提供解决方案。

（1）用户画像

　　用户画像是根据用户的社会属性、生活习惯和消费行为等信息而抽象出的一个标签化的用户模型。构建用户画像的核心是给用户"贴标签"，而标签是通过对用户信息分析而来的高度精练的特征标识。那么怎么对用户进行画像呢？首先，将收集到的用户调研信息进行整理和分析并归类，创建用户角色框架，同时结合用户规模、用户价值和使用频率来划分，确定主要用户、次要用户和潜在用户。[①]

基本属性	社会关系	消费能力	行为特征	心理特征
年龄	有配偶	月收入	经常团购	品牌偏好
性别	有孩子	月消费	经常加班	果断
星座	父母	支付宝支付	经常刷微博	犹豫纠结
教育	……	微信支付	经常使用APP	实用派
身高		信用卡	经常去的地方	……
职业		VIP	……	
家庭收入		负债情况		
所在省市		……		

用户角色框架（根据网络公开数据整理）

可以按照用户的基本属性、社会关系、消费能力、行为特征、心理特征等几个方面，或者按照自己的需求，对每一份数据资料的样本属性进行划分。如教育产品就应该更看重年龄、学历、收入等信息，地域等信息则作为次要考察。

---

① HCARG：《产品 | 用户分析（调研 & 画像）》，产品思维，2019 年 12 月 28 日，https://zhuanlan.zhihu.com/p/99884211，访问日期：2023 年 2 月 16 日。

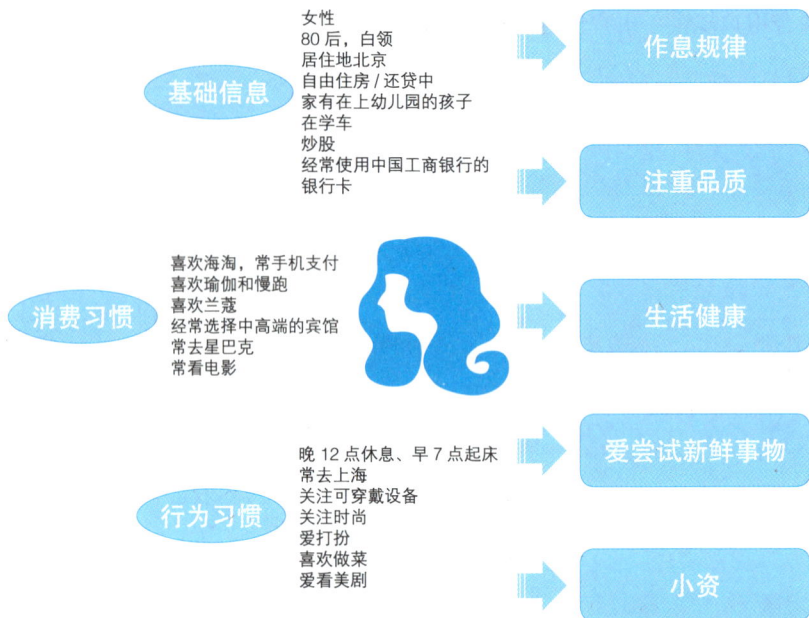

基础信息
女性
80后，白领
居住地北京
自由住房／还贷中
家有在上幼儿园的孩子
在学车
炒股
经常使用中国工商银行的
银行卡

作息规律

注重品质

消费习惯
喜欢海淘，常手机支付
喜欢瑜伽和慢跑
喜欢兰蔻
经常选择中高端的宾馆
常去星巴克
常看电影

生活健康

行为习惯
晚12点休息、早7点起床
常去上海
关注可穿戴设备
关注时尚
爱打扮
喜欢做菜
爱看美剧

爱尝试新鲜事物

小资

用户基础数据（根据网络公开数据整理）

上图将某位用户的调研数据进行汇总，将数据归纳到不同的样本属性之后可以发现一些特征。

用户社会属性（群体属性）：能够体现其社会关系、社交方式等。该用户的年龄范围属于中年人，家里有孩子。综合该用户资产情况和消费习惯，我们会发现，这个人可以被划为"小资"一类。

用户消费属性：消费水平、消费心理、消费偏好等信息能反映用户对于花钱的看法。该用户是喜欢质量好的还是性价比高的？选择产品时倾向于功能价值还是情感价值？通过用户喜欢的东西，比如星巴克、兰蔻这样的品牌，可以看出用户是一个注重品质的人；但是用户又喜欢海淘，常用手机支付，关注可穿戴设备，说明用户是一个喜欢尝试新鲜事物的人。

用户行为属性：体现用户的日常行为特征，如睡懒觉、常加班、喜欢玩游戏、上班刷微博等信息。该用户每天晚上12点休息、早上7点钟起床，而且喜欢瑜伽和慢跑，从这些信息我们会知道该用户的生活应该比较规律健康。此外，该用户爱看电影、喜欢做菜、关注时尚，表明该用户的标签可以设定为电影、健康、美食、时尚等。

用户心理属性：能够体现用户的心理状态，如好胜心强、好奇心强等。该标签需要对前几个属性进行充分分析后才可获取。基本路径是通过数据的汇总，得到一些标签属性，再将这些标签属性归纳成一类典型用户，得到样本标签。经典的样本标签如"新锐白领""精致妈妈""小镇青年""资深中产"等，小众化的样本标签如"小米真爱粉""美妆达人""旅游极客""游戏迷""动漫二次元"等。样本标签可以大范围划分，亦可以细节、小众化划分。综合以上数据，我们可以形成以下用户画像：

用 户 画 像

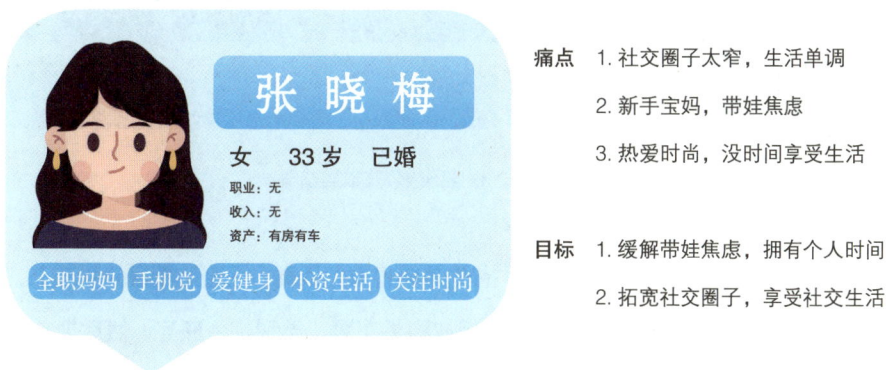

张 晓 梅	
女　33岁　已婚	
职业：无	
收入：无	
资产：有房有车	
全职妈妈　手机党　爱健身　小资生活　关注时尚	

痛点　1. 社交圈子太窄，生活单调
　　　　2. 新手宝妈，带娃焦虑
　　　　3. 热爱时尚，没时间享受生活

目标　1. 缓解带娃焦虑，拥有个人时间
　　　　2. 拓宽社交圈子，享受社交生活

用户画像参考（根据网络公开数据整理）

（2）数据挖掘

在大数据时代，数据挖掘被广泛地应用于用户分析。我们可能会发现，当自己登录购物网站浏览商品信息后，在一段时间内会经常得到同类产品的网络推送。这是因为我们的网络浏览行为被记录下来，行为数据进入大数据库，经数据挖掘匹配后，网络的数据系统会向我们推送某类感兴趣或曾经感兴趣的产品广告。

策略标签	待挽回用户群	待发展用户群	待维护用户群	待激活用户群

模型标签	性别预测	流失预测	购买预测	兴趣偏好
	工作预测	忠诚预测	风险预测	行为偏好

流程方向

事实标签	购买次数	购买类型	退还占比	活跃次数
	购买金额	购买间隔	用户价值	行为次数

原始数据	用户信息	消费明细	行为明细	运营明细
	地理信息	产品明细	财务明细	其他

数据挖掘流程（根据网络公开数据整理）

　　数据挖掘的常规性流程如上图。首先是获得原始数据，在原始数据的基础上，先根据事实做出第二级的事实标签，例如购买次数、类型、金额等；然后把这些事实进行分类概括，就获得了第三级的标签即模型标签，包括性别、工作、品牌忠诚度、风险承受力、兴趣等方面；最后升入第四级，即策略性的标签，在制定传播策略时可供参考使用，比如哪些人是高黏性用户，哪些人是待激活用户，哪些人是需维护用户。数据挖掘行为对于微媒体内容建设具有极强的指导意义。

（二）用户社群化区分

前期开展用户调研，可以初步了解目标用户，后续需要融入用户群体并了解需求。用户社群化区分的主要目的在于抓住用户特征并以独特的社群化表达形成聚类，由此标记风格、品牌等个性化特征，从而实现以用户视角进行需求探索。

网络上一些流行性的社群标签，比如"老铁""小伙伴""集美""社畜""打工人"等，都是社群风格符号。互联网是拟态空间，大众通过虚拟化的方式聚在一起，因此共同的话题、兴趣爱好、语言规范就显得特别重要。语言往往是形成社群的一个基础性要求，像"老铁""集美"，其实就是建立一种语言风格，大家按照这种风格、规则去交往、交流，渐渐演化成一种具有共同特征的群体。风格标记，往往是产品个性化特征打造的重要基础。当然，上述例证是比较通俗的。在实际应用中，当具体到目标用户群体时，会发现其社群语言规范也许属于小众化范围，这些都需要微媒体生产者自己去了解和深挖。微媒体生产者可以通过研究互联网语言去抓住用户特征，了解不同社群的表达方式、集聚原则，以及社群集聚的阶层结构、社会需求，而这些内容只有微媒体生产者深入其中才能精准把握。

微媒体生产者想要有效触达用户群体，需要理解并学会社群化的表达方式。被动地模仿、讨好用户，只能亦步亦趋，且无法真正实现用户需求。社群化的表达，首先要了解每个社群立场，才能生产出符合社群需求的产品。这是值得微媒体生产者下一番功夫去深耕的。

（三）"Influencer"（"网络红人"或"网红"）和"不再沉默的多数"

在了解并融入目标用户之后，微媒体生产者需要区分目标群体的影响力层级，以选择最有效的社会网络影响节点。

在互联网时代，"人人都有发言权"的网络传播推动形成了新的网络话语体系。用户群体中的聚焦点可以称为"influencer"（"网络红人"或"网红"），"网红"

可能是"草根"、名人或某方面的专家，他们的共同特征是拥有一批信服者和追随者。对于信服者和追随者来说，"网红"对他们的观点和态度起着至关重要的影响。比如，很多品牌都会选择和高质量的"网红"合作，在新品上市时，会第一时间通过"网红"发布产品使用体验，以扩大产品的影响并引导用户深入了解。

一般情况下，可以将由流量、关注量决定的用户层级简单划分为"网红"和"不再沉默的多数"。在传统媒体时代，能在报纸、电视等媒体发表见解的大都是精英、专家、名人，普通人极少有机会公开表达，因此大多数受众是沉默的。在互联网时代，人人都有机会发言，所以多数人就不再沉默了。因此，要给他们表达的机会，充分尊重他们发言的权利，满足他们互动的需要。例如快手的品牌广告片《在快手，点赞可爱中国》讲述的就是大多数的普通人的生活，整体围绕日常生活中的"可爱"二字展开，表现出了平凡生活中的闪耀时刻。

快手《在快手，点赞可爱中国》（来源：https://www.niaogebiji.com/pc/article/detail/?aid=27495）

（四）"标题党"和"扫描派"

互联网常见两个用户分类词："标题党"和"扫描派"。实际上，从报刊诞生之初，标题便是优秀稿件必不可少的点睛之笔。但随着媒体间竞争加剧，在"流量至上"的竞争逻辑侵蚀之下，以浮夸、劲爆、极端的标题吸引人的"标题党"日益泛滥。"扫描派"则是非常容易被"标题党"所迷惑的一类用户群体，面对琳琅满目的标题和内容，"扫描派"习惯把第一印象作为判断和筛选内容的标准，即不经过深入思考，大体浏览便做出阅读选择。

在微媒体的阅读场景下，"标题党"和"扫描派"都十分常见。生产者应重视"扫描派"的浅阅读习惯，也可以学习"标题党"以简洁而有力量的表达吸引用户。但是，随着"不转不是中国人""中国人必看"等"标题党"形式在网络环境中愈演愈烈，一些软文推广也成为"标题党"，利用各种虚假广告、链接跳转的方式赚取网络点击量和高额广告费，这些做法应该被微媒体生产者所抵制。

《关于加强"自媒体"管理的通知》部分截图（来源：http://www.cac.gov.cn/2023-07/10/c_1690638496047430.htm）

对此，中共中央网络安全和信息化委员会办公室于 2023 年 7 月发布《关于加强"自媒体"管理的通知》，这一被称为"自媒体十三条"的管理规定旨在进一步压实网站平台信息内容管理主体责任，健全常态化管理制度机制，推动形成良好网络舆论生态。主要内容如下：

1. 严防假冒仿冒行为。网站平台应当强化注册、拟变更账号信息、动态核验环节账号信息审核，有效防止"自媒体"假冒仿冒行为。对账号信息中含有党政军机关、新闻媒体、行政区划名称或标识的，必须人工审核，发现假冒仿冒的，不得提供相关服务。

2. 强化资质认证展示。对从事金融、教育、医疗卫生、司法等领域信息内容生产的"自媒体"，网站平台应当进行严格核验，并在账号主页展示其服务资质、职业资格、专业背景等认证材料名称，加注所属领域标签。对未认证资质或资质认证已过期的"自媒体"，网站平台应当暂停提供相应领域信息发布服务。

3. 规范信息来源标注。"自媒体"在发布涉及国内外时事、公共政策、社会事件等相关信息时，网站平台应当要求其准确标注信息来源，发布时在显著位置展示。使用自行拍摄的图片、视频的，需逐一标注拍摄时间、地点等相关信息。使用技术生成的图片、视频的，需明确标注系技术生成。引用旧闻旧事的，必须明确说明当时事件发生的时间、地点。

4. 加强信息真实性管理。网站平台应当要求"自媒体"对其发布转载的信息真实性负责。"自媒体"发布信息时，网站平台应当在信息发布页面展示"自媒体"账号名称，不得以匿名用户等代替。"自媒体"发布信息不得无中生有，不得断章取义、歪曲事实，不得以拼凑剪辑、合成伪造等方式，影响信息真实性。

5. 加注虚构内容或争议信息标签。"自媒体"发布含有虚构情节、剧情演绎的内容，网站平台应当要求其以显著方式标记虚构或演绎标签。鼓励网站平台对存在争议的信息标记争议标签，并对相关信息限流。

6. 完善谣言标签功能。涉公共政策、社会民生、重大突发事件等领域谣言，网站平台应当及时标记谣言标签。在特定谣言搜索呈现页面置顶辟谣信息，运用算法推荐方式提高辟谣信息触达率，提升辟谣效果。

7. 规范账号运营行为。网站平台应当严格执行"一人一号、一企两号"账号注册数量规定，严禁个人或企业操纵"自媒体"账号矩阵发布传播违法和不良信息。应当要求"自媒体"依法依规开展账号运营活动，不得集纳负面信息、翻炒旧闻旧事、蹭炒社会热点事件、消费灾难事故，不得以防止失联、提前关注、故留悬念等方式诱导用户关注其他账号，鼓励引导"自媒体"生产高质量信息内容。网站平台应当加强"自媒体"账号信息核验，防止被依法依约关闭的账号重新注册。

8. 明确营利权限开通条件。"自媒体"申请开通营利权限的，需3个月内无违规记录。账号主体变更的，自变更之日起3个月内，网站平台应当暂停或不得赋予其营利权限。营利方式包括但不限于广告分成、内容分成、电商带货、直播打赏、文章或短视频赞赏、知识付费、品牌合作等。

9. 限制违规行为获利。网站平台对违规"自媒体"采取禁言措施的，应当同步暂停其营利权限，时长为禁言期限的2至3倍。对打造低俗人设、违背公序良俗网红形象，多账号联动蹭炒社会热点事件进行恶意营销等的"自媒体"，网站平台应当取消或不得赋予其营利权限。网站平台应当定期向网信部门报备限制违规"自媒体"营利权限的有关情况。

10. 完善粉丝数量管理措施。"自媒体"因违规行为增加的粉丝数量，网站平台应当及时核实并予以清除。禁言期间"自媒体"不得新增粉丝，历史发文不得在网站平台推荐、榜单等重点环节呈现。对频繁蹭炒社会热点事件博取关注的"自媒体"，永久禁止新增粉丝，情节严重的，清空全量粉丝。网站平台不得提供粉丝数量转移服务。

11. 加大对"自媒体"所属MCN机构管理力度。网站平台应当健全MCN机构管理制度，对MCN机构及其签约账号实行集中统一管理。在"自媒体"账号主页，以显著方式展示该账号所属MCN机构名称。对于利用签约账号联动炒作、多次出现违规行为的MCN机构，网站平台应当采取暂停营利权限、限制提供服务、入驻清退等处置措施。

12. 严格违规行为处置。网站平台应当及时发现并严格处置"自媒体"违规行为。对制作发布谣言、蹭炒社会热点事件或矩阵式发布传播违法和不良信息造成恶劣影响的"自媒体"，一律予以关闭，纳入平台黑名单账号数据库并上报网信部门。对转发谣言的"自媒体"，应当采取取消互动功能、清理粉丝、取消营利权限、禁言、关闭等处置措施。对未通过资质认证从事金融、教育、医疗卫生、司法等领域信息发布的"自媒体"，应当采取取消互动功能、禁言、关闭等处置措施。

13. 强化典型案例处置曝光。网站平台应当加强违规"自媒体"处置和曝光力度，开设警示教育专栏。定期发布违规"自媒体"典型案例，警示"自媒体"做好自我管理。

（五）用户浏览模式

除了有深度和有吸引力的标题和内容之外，微媒体生产者还应该熟悉用户的浏览模式。在以各种网页页面和移动设备为主要信息传播阵地的微媒体上，依据调查机构尼尔森诺曼集团（Nielsen Norman Group）的眼动追踪研究，可以发现当下用户阅读浏览模式大体可以归为"F"字型和"Z"字型两种。

"F"字型是指用户首先会按水平移动的方式阅读内容区域的上部分，接着稍微向下移动视线，在第二个水平移动中阅读。这比先前的视线移动区域会更短一些，最后用户的眼睛会垂直移动扫描内容的左侧。这样就构成了"F"，但并不是完美的"F"形态。

通常"F"模式会出现在一些以文字为主的网页中，例如论坛、社区等。用户极少逐字阅读文字，因此在微媒体内容的初始段落里，副标题和要点都要保持醒目。

"F"字型是以左为上，而"Z"字型是从左到右。"Z"字型是一种快式的、典型的一目十行式的阅读。用户首先会关注页头水平方向的内容，当视线抵达尾部时则又重复遵循水平方向从左到右的习惯模式，当人眼以这种模式移动时，浏览的视线就形成了一个"Z"字模式。

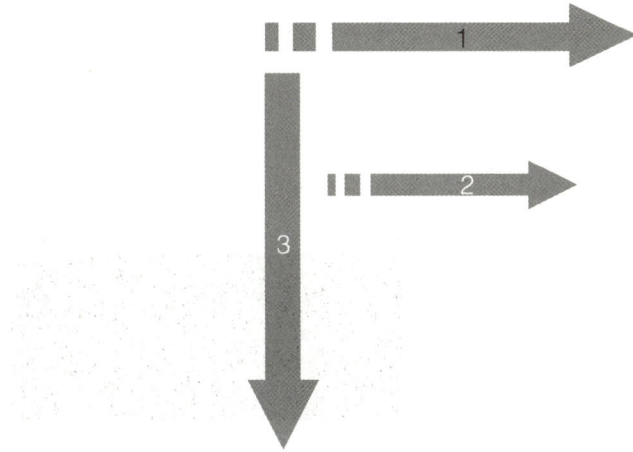

"F"字型的浏览模式（来源：https://zhuanlan.zhihu.com/p/41525618）

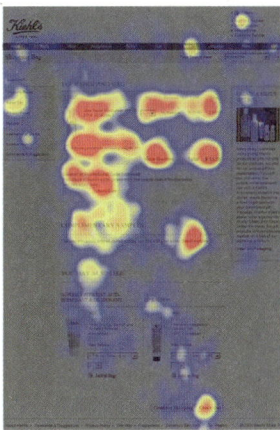

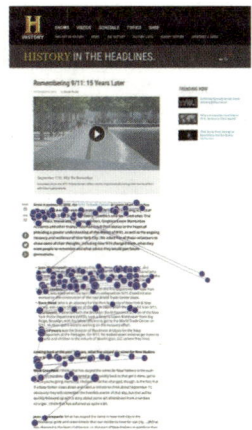

"F"字型浏览模式案例（来源：https://zhuanlan.zhihu.com/p/41525618）

"Z"字型模式的扫描发生在不以文本为中心的页面上，几乎可以适用于任何网页的交互。"Z"字型布局在设计项目中的优点就是简单。简约性和号召性用语是最重要的原则，能将重要信息自然而然地突出。

除此之外，还有很多其他的浏览模式，如：蛋糕模式——当眼睛只关注标题和副标题时，内容一层一层浮现；斑点模式——跳过大块的文本和扫描寻找特定的东西，比如按钮、数字；标记模式——轻扫页面时，将眼睛聚焦在一个地方，呈圆形分布，这种模式在移动端浏览时常会发生；承诺模式——通篇阅读，通常发生在用户充满动力和兴趣的情况下。

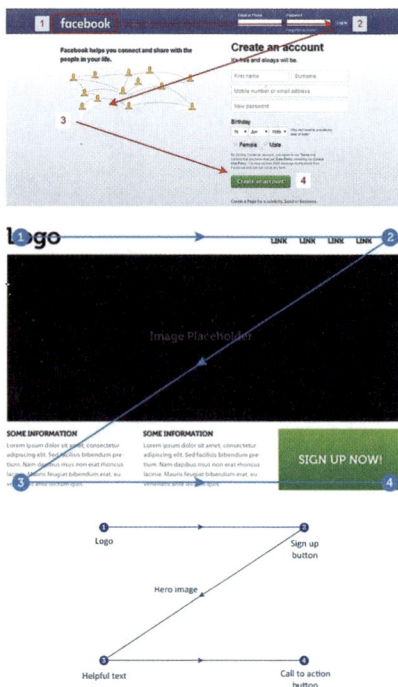

"Z"字型模式案例：Facebook、Tutplus 的登录页面、"Z"字型用户浏览模式（来源：https://www.woshipm.com/pd/697305.html）

二、新权威中心的构建

网络的新权威中心以网络"大V"为代表。网络"大V"是指那些具有影响力、粉丝众多的网络账号，账号的经营者是机构或个人。在本书中，我们重点讨论这些网络新权威中心的用户吸引力、社会影响力及其形成路径。

如前所述，一个由生产者、接受者和平台（社区）三方共建的意识形态产物并非实体，而是空间的创设。在这个语境之中，生产者一方面以"后在"者的姿态参与和进入框定好的空间，再以"有限自由"的方式发挥着生产者的主体性。

相对于传统媒体的主客体对应关系，微媒体传播具有显而易见的"去中心化"特点。在此语境中，"大 V"所扮演的角色无疑是这个创设空间的"新中心"。"大 V"不仅是微媒体产品内容取得了公共领域内的较大影响力和传播效力的体现，同时更是具有"意见领袖"性质的权威构建者和权威本身。虚拟的网络社区一方面与现实深度融合接轨，另一方面也愈发独立于现实，作为一个特殊的、重构的"新现实"世界而存在。在这个"新现实"中，"大 V"即对应着现实世界中的高社会地位者、高权威者、高评价者。

随着网络用户对标签接受程度的逐渐加深，微媒体内容质量本身的独立性被削弱。平庸的产品在"大 V"账号发布，可能产生比其他优秀产品更大的认可度。此时与其说接受者接受的是产品，倒不如说接受的是"大 V"，用一个网络流行词来说，即"粉丝滤镜"的固定和自我强化。

因此，对于"大 V"而言，新权威中心的构建无疑会使之更具有说服力和影响力，甚至可以在平台社区的大"共同体"内构建自己的小"共同体"。这意味着，生产者的主体性得到强化，以至于达到可以重构小"共同体"内新的话语体系的程度。而伴随新的用户黏性和围绕"大 V"的新人创作者的支持，加之以庞大的老用户基础，新的话语体系将使得这一小"共同体"得到进一步巩固，"权力"便从此中衍生。这种"权力"的运用主体是新权威中心，即"大 V"。

粉丝的行为受"大 V"引导，并以"共同体"的名义行事。在网络舆论深度影响现实社会的今天，尤其是在网络意见领袖能够对线下的日常生活起到实质性作用的情况下，在网络空间之外还有一双"看不见的眼睛"在凝视着它，这便是更大的"公共领域"，亦是现实社会对虚拟的现实和权力的统摄和监督。"大 V"获取新权威中心地位的代价，是其作为社会焦点，受到更为严格的规制和约束。

"大 V"作为网络空间的新权威中心，无论是作为自觉的"意见领袖"还是偶然性的"传播节点"，都会不可避免地成为关注焦点，发挥以下等社会功能：

第一，"放大器"功能。"大 V"能够把信息的价值和影响力成倍放大。哪怕只是一个社会小事件或小话题，如果经某个"大 V"关注、转发，那么很可能会引发更多人的关注，继而演变为社会舆论事件。

第二，"助燃剂"功能。"大V"的言论对大众情绪有一种推波助澜的助燃效果。大众刚看到某事件之初，可能会因为觉得这件事跟自己距离较远而保持客观、理性的态度。"大V"会引导大众以另一种视角去关注这些事件，这就可能引发人们情感上的变化，极易造成社会舆情甚至会引发社会矛盾。

第三，"聚焦器"功能。"大V"的言论会吸引大众的注意力，诱导其集中在某一个焦点问题上，是一种典型的聚焦作用。

第四，"加速器"功能。"大V"的言论往往因挖掘和阐明事件因果关系，或追踪和探索其发展趋势，而加速新闻事件的演变进程。

上述放大、助燃、聚焦、加速等作用，可能是积极的，也可能是消极的。其作用的方式、方向、效力等受到各方面因素影响，而且很多时候并不以个体意志为转移。因此，大众需要具备一定的媒介素养，对"大V"的言论或观点保持审慎思辨的态度，切不可盲目偏听偏信。

"大V"在网络信息传播活动中具有特殊地位，具体表现为存在感强、可信度高、粉丝量大等特点。除偶然性事件所造就的"风口型大V"外，"大V"的常规生成路径离不开一个共性——与用户相对稳定的信任关系。也就是说，"大V"所谓的存在感强，是其在用户眼中的存在感强；"大V"所谓的可信度高，是其在用户眼中的可信度高。因此，无论是想积极构建新权威中心，还是仅希望自身的内容生产获得流量和关注度，"大V"都必须同用户保持可持续发展的良好关系。因此，强化专业性、促进内容推广与传播、主动维系用户关系等，都是微媒体创意生产者的应尽之义。

三、用户生产内容：微媒体创意工具的运用

用户生产内容是微媒体内容建设的发展趋势。前文已探讨了"做大做强"微

媒体的基本预设，那么这一部分要讨论的便是"如何做大做强"的问题。该问题涉及两个层面，即精神层面和技术层面，二者在此分别指称为"思想工具"和"技术工具"。

通过前文可知，网络语境是网络意识形态的孕育和生成之地，也是其发挥作用的空间。空间内意识形态的孕育，由构建该语境空间的各个"点""线""面"所决定。微媒体上的视频、语音、动态、互动等共同构成了"三方体系"的实在性内容。就把握其实在性而言，"思想工具"具有对意识形态直接建构的决定功能，决定着语境之"结构"和内容之"灵魂"。

那么，"思想工具"又是如何构成的？或者说，"思想工具"具体指什么？我们以 B 站 UP 主"衣戈猜想"为例。在其作品内容中，"积累"和"思维方式"是两个显而易见的要素，正是这两个要素使他的内容超出一般性杂谈类和知识分享类微媒体内容。正如毛泽东同志所言："过去学的本领只有一点点，今天用一些，明天用一些，渐渐告罄了。好像一个铺子，本来东西不多，一卖就完，空空如也，再开下去就不成了，再开就一定要进货。"[①] 所谓"本领恐慌"，便是对业已具备能力"不够用"的担忧。现实瞬息万变，理论家所面对的社会实践情况也在不断变化，这要求理论家需要根据不断转移的时间、空间、条件来调整理论的张力和适用范围。同理，正是由于用户的关注点、社会热点、科学技术条件等诸多"变"况，因而微媒体生产者所面对的世界从不像他们的"人设"那样固定。"衣戈猜想"在分享其成功经验时，曾谈到两点主要内容：一是每日读书，二是不断运用和调整自己的思维方式。这实际上揭示了两个范畴：每日读书是为了更新知识结构，是应对外在环境变化的"冲击—反应"结果，是丰富业已存在的知识体系，为认识的进一步深化提供材料；而思维方式的调整则是对内在认识的转化；前者从外而内而后者从内而外。所谓"思想工具"，就是由内、外两个部分共同构成的。通过量与质的互变转化，微媒体内容生产者才能脱离僵化危机，并在实践中丰富

---

① 《毛泽东文集·第2卷》，人民出版社，1993，第178页。

创作内容、深化思想内涵，使内容同不断变化的外部世界相契合。而当"思想工具"实现了与现实实践的匹配，语境的构建便实现了同外部的有机统一。

而如果说"思想工具"决定了语境和内容，那么"技术工具"则无疑是其构成实体，使之有所物质依托。对媒体工具的合理运用是现代媒体内容生产的基础，既是生产者的基本素质，也是用户转化为生产身份所能够接受和运用的普遍物质基础。"技术工具"大致可以分为三类：

第一，创意工具。"工欲善其事，必先利其器。"微媒体创意工具主要包括硬件工具、软件工具和常用的创意材料。

硬件工具包含基本工具和扩展工具两大类。其中，基本工具包括智能手机、专业相机、录音设备等。手机作为智能化的终端，可实现录音、录像、拍照、写字、扫描等功能，但是用手机拍摄运动画面时，作品往往跟焦不灵活，清晰度不够；收音时，环境音也会对主音源产生干扰。这时，就需要专业相机和录音设备。

扩展工具可为特色内容的创作提供便利和可能。绘画板、绘图板等是创作表情包、动漫图的有效工具；无人机、穿越机、全景相机等可以拍摄出不一样的空间感和视角；手持云台可以拍出稳定流畅的影像画质，也可以有效避免因拍摄者的运动而导致的画面晃动；运动相机具备出色的防抖功能，可以有效降低运动或手颤引起的画面抖动，无论是在激烈运动中拍摄还是行车中拍摄，它都能够稳定地记录下每一个精彩瞬间。上述产品仅是代表，实际上，摄影的扩展工具远远不止这些。随着技术的迭代，许多专业设备已经进入寻常百姓家，成为微媒体创意的有效助手。

第二，软件工具。有效的软件工具可以帮助微媒体生产者提高内容生产效率和质量，常用的如调查分析软件、专业制作软件和平台编发软件等。

调查分析软件。创作者从事微媒体内容生产时，首先要根据用户需求遴选主题、开展策划，这就要求对目标用户进行深入、准确地了解。在此情境下，生产者就要依靠调查分析软件工具，如百度指数、问卷星、SPSS（"统计产品与服务解决方案"软件）、Python（计算机编程语言之一）等。

无人机产品（来源：https://baijiahao.baidu.com/s?id=1637483888895680162&wfr=spider&for=pc）

全景相机视角（来源：网络）

手持云台（来源：https://3w.huanqiu.com/a/c36dc8/40lJspmvoot?p=1&agt=46）

运动相机（来源：http://tech.china.com.cn/it/20160506/228813.shtml）

专业制作软件。随着互联网和信息技术的发展，越来越多的"傻瓜式"操作工具出现，如 PageMaker、Photoshop、3ds Max、Premiere 等制作软件和"爱剪辑""剪映""美图秀秀""稿定设计""可画"等新的软件工具。在人工智能风靡的当下，AI 工具可实现自动化内容创建，一键式完成从视频创建、素材链入、配音合成及后期编辑。这些操作易、门槛低的应用软件的出现，意味着普通大众也能成为微媒体生产者，可以随时随地创作微媒体作品。

视频剪辑软件"剪映"操作界面（来源：https://www.macsofter.com/18497.html）

平台编发软件。大多数平台自身包含着制作和发布的功能，比如抖音既是一个微视频的集成发布平台，也具有内容一键制作和生成功能。在微传播时代，某种制作工具往往被某类特定人群选择使用，例如一些美妆博主往往喜欢用佳能相机，因为可以拍出非常好的人像照片；还有一些人特别喜欢用 GoPro（运动相机），被称为"暴走 go"。

在微媒体生产中，软件工具当然是多多益善，但是生产者还必须考虑如何运用工具生产作品以及如何和用户体验对接等具体问题。

第三，常用的创意材料。之所以将这一部分纳入"技术工具"而不是"思想工具"，是因为这些创意材料正是前文所说的"模版"形式，而不是具体的思想内容。运用好这些形式，既是进入粉丝社群话语体系的要求，也是生产者和用户互动的需要。在微媒体内容创作的过程中，生产者会经常使用到各类创意材料，一些创意材料往往容易引发圈层用户的情感共鸣。

水下拍摄（来源：https://www.zhipianbang.com/news/detail-251529.html）

一是共同的文化体验和文化记忆。如今市场上有许多基于中华优秀传统文化创作的流行网络游戏，这些游戏中建构的传统文化形象、使用到的诗词成语，往往能让用户轻而易举地理解其含义。究其原因，唐诗宋词等中国古典文学是中国百姓共同的文化记忆，当这些集体记忆共同构成游戏中的故事或片断，用户会自然地将游戏世界与现实世界的记忆和情感勾连起来，并把它代入游戏世界中。

二是热点话题或者热门事件。处于同一社会环境中的群体共享社会热点话题，借热点话题展开内容叙述，即人们常说的"蹭热点"。比如，2016 年里约奥运会游泳比赛结束后，游泳运动员傅园慧在接受记者采访时说了一句"我已经用了洪荒之力"。她说话的同时配合着夸张的面部表情，使其迅速风靡全网并成为热点话题，随后傅园慧的表情包、同款视频等不断在网络上涌现。这就是典型的围绕热点话题或者热门事件进行的创意生产。

三是具有范本意义的人物、形象、作品。如果在微媒体内容中呈现出了具有范本意义的公众人物极少外露的一面或是与公共形象极大反差的一面，该内容常常会引起大众的广泛关注。比如，姚明的笑成了"囧"字的代名词，并被网友创作为表情包。网友还会使用一些动漫人物 IP 并在新的语境下进行再创作，给大众以全新体验，比如突然火爆的迪士尼星黛露、玲娜贝儿等 IP 的表情包，值得注意的是，这些卡通形象甚至超越了米老鼠、唐老鸭等传统 IP 成为"新晋网红"。

微媒体生产者的创作无非基于三种基本材料——文字、形象和语音，三者的组合会产生神奇的化学反应，不断带来新奇、反常、意外等体验。但是，不管这三种材料如何组合，都要基于一个原则，即将互动和体验进行创作性的有机结合以展现出千变万化的效果。人的创造力是无穷的，对于相同的内容，微媒体生产者总能挖掘出全新的表现形式，并结合不断涌现的时事热点、新鲜事物来创作新作品，这便是一种有效的创意材料组合方式。

四是人工智能技术的应用。如今，人工智能技术逐渐成为重要的技术，并被应用在各个领域。ChatGPT 是一种由人工智能技术驱动的自然语言处理工具，它能够通过理解和学习人类语言进行智能对话，拥有语言理解和文本生成能力，甚至能撰写论文、邮件、视频脚本、文案，编写代码，翻译等。

ChatGPT 本身其实就是媒体创意的产品。它通过探究人与人之间相互聊天的习惯及特点，将其转化为机器语言，通过人工智能进行驱动从而完成语言、文本的交互。这正是创意产品在分析技术的辅助下，让创意功能更加完善且不断提高适用性的过程。

ChatGPT 广告图（来源：网络）

对于生产者而言，可以利用 ChatGPT 做一些基础工作，以此获得创意灵感。除了在创意产生阶段提供辅助工作，ChatGPT 在创意实现的过程中也可以不断矫正我们的思路，并提供多种创意的可能性。最后，我们可以将自己的创意与 ChatGPT 提供的相关创意进行比较，进一步完善自己的创意作品，使之更具创新性和艺术感。

四、用户黏性从何而来

在前文对创作选题定位、内容生产和用户接受环节的分析中，我们可以认识到：微媒体生产的每一环节都对整体效果产生影响。对用户来说，与作品的接触固然是增强对特定生产者黏性的首要因素，但产生黏性的因素还远不止于此。多数情况下，具备粉丝基础的微媒体生产者会经常在评论区与粉丝进行交流互动。如前文所述，在新的网络虚拟现实场域中，一个大体量的生产者是同时作为一个新权威中心和"共同体法人"而存在的。对作为接收者的用户而言，同"权威中心"进行交流无疑是幸运且满足的。因此，在这方面发力，可以巩固和提升用户黏性。具体有以下两种路径可供参考：

其一为权力统治路径。在新权威中心主导的意识形态场域中，用户对生产者的"滤镜效应"本质上是一种"权力中心崇拜"，这种"崇拜"会促使用户以低姿态的方式朝向生产者。这种"低姿态"会受到很多方面的影响，如生产者作为"知识权威"具有较高的学历或学术成就；或生产者作为"社会权威"通常以"社会名流"的身份"入驻"平台；或生产者作为"行业权威"具有规范性和合法性认证……诸如此类的权威建构方式，都能使用户对生产者的"粉丝滤镜"得到固定和增长。而对生产者来说，这显然是一个可供利用的要素。如前文所说，通过进一步提高内容门槛，在小"共同体"内重构话语体系，构筑起对外界的"边界感"和"圈子感"，有利于生产者维持其中心地位。而实质上，这是构成了"双中心"：一方面是小"共同体"或者说"圈子"对"外界"的中心，另一方面是"权威"对小"共同体"的中心。前者在整体性的公共领域中树立特殊性，后者则在特殊性的"共同体"领域中树立特权。而随着小"共同体"的逐渐扩大，处于中心的"权威"再度"赋权""小头目"时，用户便完成了从"崇拜主体"向"崇拜对象"、从"权力附庸"向"权力所有者"的转变。这种权力关系的构建会使用户对新权威中心更加"死心塌地"。用户黏性在此便能够由自发性转向自觉性，以等级制或权力干涉制的"统治路径"牢牢固定下来。

其二为主体间性路径。赫伯特·马尔库塞（Herbert Marcuse）在分析发达资本主义工业社会时指出："今天，这一私人空间已被技术现实所侵占和削弱。大量生产和大量分配占据个人的全部身心，工业心理学已不再局限于工厂的范围。在几乎机械式的反应中，潜化的各种不同过程都好像僵化了。结果，不是调整而是模仿：个人同他的社会、进而同整个社会所达到的直接的一致化。"[1] 这种"一致化"的结果，正如马克思在论述"异化"时所点明的问题那样："人（工人）只有在运用自己的动物机能——吃、喝、生殖，至多还有居住、修饰等等——的时候，才觉得自己在自由活动，而在运用人的机能时，觉得自己只不过是动物。动物的东西成为人的东西，而人的东西成为动物的东西。"[2] 在现代社会，除了生产性协作所要求的必不可少的交往外，大众的空闲时间往往被劳动大量挤占而变得极为有限。对于现代人而言，自发的、内生性的交往需求受到压抑，"真诚"的交往在"身份"的交往中被抛弃，一切交往活动服务于"事情"。而网络空间所允许的去中心化和身份扁平化现象，在这受压抑的交往关系和交往动机中孕育出了革命性的发展要素。如果说生产者和生产者的互动、生产者与用户的互动还是以鲜明的利益为导向，但能在其中介入些许的主体间性要素的话，那么用户与用户之间的互动，则是难得的能克服主客体关系而实现短暂的主体间性的瞬间（虽然目前愈发流行起来的用户等级制也对这短暂的瞬间发起了挑战）。这意味着通过建构良好的共同体内部交流环境而实现友好相处，能使用户在总体压抑的社会环境里找寻到自发的交往需求。而另一方面，生产者在其"共同体"内短暂地放弃权威地位，如短暂地悬置"知识分子"的"人设"来和用户一起"吐槽"社会乱象、科研环境、行业生态等。哪怕使用一些可接受程度内的粗话、糙话，也不会对其"共同体"的权威地位产生太大影响，反而会将其"人设""有机化"，让用户发现并接受

[1]　赫伯特·马尔库塞：《单向度的人：发达工业社会意识形态研究》，刘继译，上海译文出版社，2016，第10页。
[2]　《马克思恩格斯文集·第1卷》，人民出版社，2009，第160页。

荣耀 50 # 简单拍一夏（来源：https://www.sohu.com/a/478633186_228864）

生产者在权威之外的另一面。此外，用户之间可能会尝试以平等的方式——如用共享的权力地位或共享的话语体系进行互动和交流。这有利于使用户以真诚交往的方式增强用户黏性，甚至可能逐渐渗透到现实，使用户之间建立起真实的友谊。

除了构建生产者和用户之间交往关系的"主体间性"以外，还有一些技术性手段可利用，例如游戏互动、抽奖、测试、共同话题参与、点子征集等，即"做活动"。这些做法能够拉近生产者和用户之间的距离，使生产者在用户眼中的崇拜得以实现真实性的强化，从而为一个固定的"实体"增添有机的特质。通俗而言，即"明知虚假但求真实"的"动态符号"，比起一个以内容发布为"主要任务"的"创作机器"，将会给用户带来更大的满足感和与未来产生互动的期待感，也能够大大增强用户黏性。除此之外，通过同官媒联动、同名人联动、同相同平台内容生产者联动等方法，能够实现双方用户的"合流"，实现固定用户的"互迁"，并进一步扩大影响力。对生产者而言，能进一步增长粉丝量、扩大影响力；而对用户而言，也能够看到不同门类的、更加新奇而富有创意的微媒体作品。这无疑是实现共赢的好方法。

第六章

示微：微媒体创意艺术传播

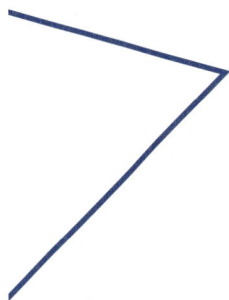

一、传播形式的创新引导

传媒产业是知识密集型产业，创意驱动是其基本特征。微媒体时代的传媒媒介应具备微传播意识，搭建平台和矩阵，保持融合化发展。

第一，平台。开放性和互动性是判断微媒体平台生命力的基础性指标，也是建设标准和选择标准。与严格区分为电视台、报纸、出版社等的传统媒体不同，媒体深度融合下平台的典型生存特征是"你中有我，我中有你"。只有打破界限，拓宽视野，心怀融合理念，才能推动平台进步。

第二，矩阵。矩阵原为物理学用语，意为当几个力作用于不同方向的时候，通过力的整合形成合力。矩阵往往依托于几个不同平台的相互组合，目的在于最大化地覆盖目标用户，产生纵深化的持续影响，实现传播效能最大化。微矩阵是指利用多种传播渠道，将不同微媒体的传播力量进行整合，以形成自身的传播网络和传播合力。由丁香园团队研发的"丁香医生"APP，最初只是一款面向大众用户的查询药品信息的日常安全用药辅助工具，如今"丁香医生"传播矩阵包括网站、移动客户端、微博、微信订阅号及相关小程序、头条号和知乎账号等，这一系列产品覆盖知识普及、信息查询、医生问诊等功能，可最大范围地触及目标用户。

（一）微平台

优质的微平台应该具备吸引力、互动力、创新力，在内容上应表现出丰富性、权威性、专业性。

第一，吸引力、互动力、创新力。吸引力是微媒体获得用户的前提，可以利用神秘感、趣味性等因素引起目标用户的兴趣。以各类个性化APP为例，如主打视频社交的"猫呼"、主打语音社交的"回音"、类漂流瓶产品"灯遇"等，随着用户使用的深入，互动力开始占据用户选择使用的主导，平台要以服务意识引导用户的正面情绪，将用户起初对 APP 的兴趣转化为用户对 APP 的黏性，培养用户的忠诚度。创新力是持续保持用户对媒体感兴趣的重要手段，平台通过不断推陈出新，在吸引新用户的同时，也持续增加老用户的使用新鲜感。

第二，丰富性、权威性、专业性。平台要提供足够丰富的内容，当用户遇到重大问题、出现争议的时候，平台要能够提供权威性的答案；当用户需要预估评测的时候，平台要能够提供专业性的解释。例如，当遇到不了解的事情时，互联网早期用户可能会使用百度进行搜索，而年轻用户可能会选择在科普方面更具权威性的果壳或者知乎。知乎开设的付费问答功能能激发专业人士参与回答，让用户有理由相信付费型答案的可信度。在建设微平台时，生产者需要强调平台的特点和优势，在评价标准上施力；在选择平台时，生产者要依据生产内容准确选择细分领域的优势平台，增强对目标用户的吸引力。

（二）微矩阵

微矩阵的评价标准并不统一，普遍认为整合力、覆盖力、传播力是其重要的评价指标。

第一，整合力。微矩阵的整合力包括媒介的形态、内容、组织等几个方面，具体指利用微矩阵中的多种渠道加以整合的能力，从而实现对用户的最大化覆盖，形成生产内容的有效传播和触达。

第二，覆盖力。微矩阵的覆盖力包含两个内容，一个是覆盖的有效范围，一个是覆盖的效率。例如，如果同时投入覆盖 X 领域的 A、B、C 三类媒体，这就是低效率的覆盖；相反，各自覆盖不同区域的三类媒体汇总而成的领域就是覆盖率（媒体的数量和覆盖区域的比例）。媒体数量少而覆盖范围大的矩阵是更加有效的矩阵。

第三，传播力。传播力可以分成四个维度：核心、垂直、口碑、声量。核心媒体能够进行有效的控制、管理和传播。能够直接到达、影响和控制的媒体具有垂直维度，如中央广播电视总台，它的节目通过地方电视台、客户端、官方微博、微信、微矩阵等核心渠道可以垂直抵达用户。人民日报、光明日报等主流媒体具有信息发布的权威性和准确性，这也是用户选择的主要原因。声量是指各种媒体的传播范围，通常媒体的声量越大，传播范围越广，反之亦然。塑造核心维护垂直渠道、提升口碑和扩展声量是提升微矩阵传播力的重要途径。

（三）主流平台

1. 主流微媒体

依据《2022 主流社交媒体平台趋势洞察报告》和维奥思社、Hootsuite（国外社交媒体管理平台）联合发布的最新的全球数字报告 *Digital 2022: Global Overview Report*（《数字 2022：全球概览报告》），我们可以大致了解当今主流微媒体的传播模式、用户规模等相关方面的特点。

（1）国内主流微媒体

根据最新报告，微博、微信、知乎、抖音、快手、小红书、B 站等数亿流量聚集的平台已然成为品牌营销传播的新阵地。以下将从这些主流微媒体的用户基本画像（性别、年龄、地域、兴趣）和流量规模等方面进行说明。

主流社交媒体平台总结

微播易　胖鲸

平台属性	社交+内容	私域社交+内容	社交+内容	社交+内容	社交+内容	种草基地	社区	问答社区
流量来源	偏公域,直播流量少	私域	偏私域	偏公域,大流量扶持	偏私域,达人品牌崛起,扶持产业带直播	公域和私域流量并存	公域和私域流量并存	偏公域
用户特征	男女较均衡,年轻用户多,城市分布较均衡	海量用户基数,中年以上用户较多	用户覆盖面广,中青年用户为主	男女较均衡,25—34岁为主,一二线城市用户居多,日活用户基数大,用户黏性高	男性多于女性,25—34岁为主,集中在三四线城市,正在向一二线城市发展,粉丝忠诚度高	女性用户显著,用户集中在18—34岁之间,高线城市占比多,消费力旺盛	男性多于女性,"宅一族"数量居多,高线城市占比较高,具有一定消费能力,用户较为沉浸	男性多于女性,18—30岁为主,高学历、高收入、高消费人群居多,用户较为沉浸
创作者生态	网红、明星自带流量,流量倾斜明显,粉丝在娱乐影音、美妆等头部达人集中度较高	最早一批自媒体人,情感资讯类居多,开始从公众号转向视频号	个人品牌IP从私域走向公域流量,粉丝分布相对均匀	对优质内容生产者友好,趣味、颜值类达人居多,粉丝头部集中度高	粉丝和达人之间链接强,娱乐、游戏类达人居多,粉丝分布相对均衡	对多元内容创作者友好,集中在美妆、时尚类型,与女性粉丝链接强	文化标签多元,正向社区氛围助力成长,达人与达人关系紧密	覆盖多元内容领域,为品牌与粉丝构筑信赖
内容形式	图文、视频	支持图文、语音、视频等混合形式编辑	短视频、直播	短视频、直播、图文笔记	短视频、直播	图文笔记、短视频、直播	中长视频	以图文为生,视频等多媒介融合
内容特点	内容传播属性与时效性强,饭圈文化阵地	覆盖面广、传播速度快,内容量大、信息深度	连接用户日常生活,是网民获取时事新闻和社会信息的重要途径	内容领域覆盖全面,玩法多样,内容娱乐性和互动性强	以生活场景化的内容连接用户,引发用户情感共鸣,"老铁文化"氛围浓厚	素人创作者为主的笔记和视频分享社区,强调真实体验和分享,内容有高颜值、精致化特征	以"二次元社区"起步,圈层文化重地,内容创意性强,激发用户互动讨论	问答模式聚合话题,激发用户讨论,专业内容构建用户信任,内容覆盖垂直领域和典型用户场景
主流商业方式	1.广告和营销业务87.6% 2.增值服务业务(包括会员、直播、游戏、授权等)12.4%	1.增值服务(包括游戏和社交网络)55% 2.金融科技及企业服务27% 3.网络广告业务(包括社交广告和媒体广告)17% 4其他1%	广告(约80%)>电商>直播	广告(约52.6%)>电商>直播	1.广告业务为主80% 2.社区和电商业务合并20%		1.增值服务(直播及大会员等业务)35.8% 2.移动游戏业务26.4% 3.广告业务23.3% 4.电商及其他业务14.5%	1.广告业务39.2% 2.商业内容解决方案32.9% 3.付费会员22.6% 4.其他(教育、电商)5.3%
电商渠道	与阿里全面打通	京东、拼多多	京东、拼多多	抖音商城(原抖音小店)	快手小店	薯店	淘宝、京东等	淘宝、京东、小程序等

平台介绍（来源：微播易 & 胖鲸《2022 主流社交媒体平台趋势洞察报告》，对原表内容略作删减）

　　用户性别分布。从性别方面来看，小红书、微博的女性用户占比高于男性；其中，小红书的女性用户占总用户的 69%，呈现出高度女性化的特征。除小红书和微博外，其余平台的男性用户占比均高于女性，其中 B 站和快手两个平台的男性用户占比接近 60%，具有较为明显的男性化特征。总体来说，除小红书外，其他媒体的性别比例都比较均衡，但男性化特征更为明显。

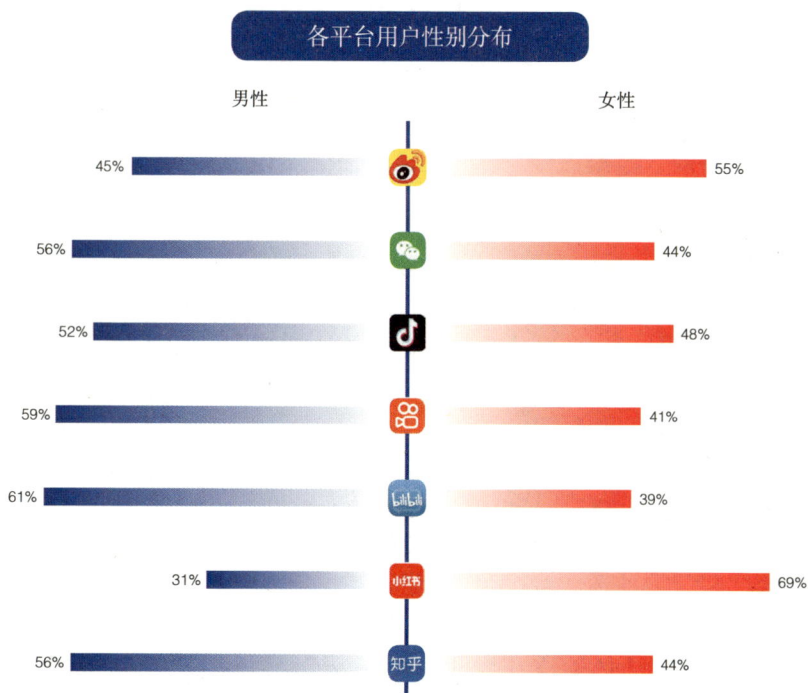

平台用户性别分布（来源：微播易＆胖鲸《2022 主流社交媒体平台趋势洞察报告》）

　　用户年龄分布。微媒体用户有明显的年轻化倾向：B 站 35 岁以下各年龄段的用户黏性均高于其他平台；微信和抖音的用户年龄分布较为平均，各年龄段差距较小；快手中 36—40 岁年龄段的用户相较其他平台较高；微博以 35 岁以下的年轻用户为主；小红书的用户则多为 19—35 岁的青年群体。

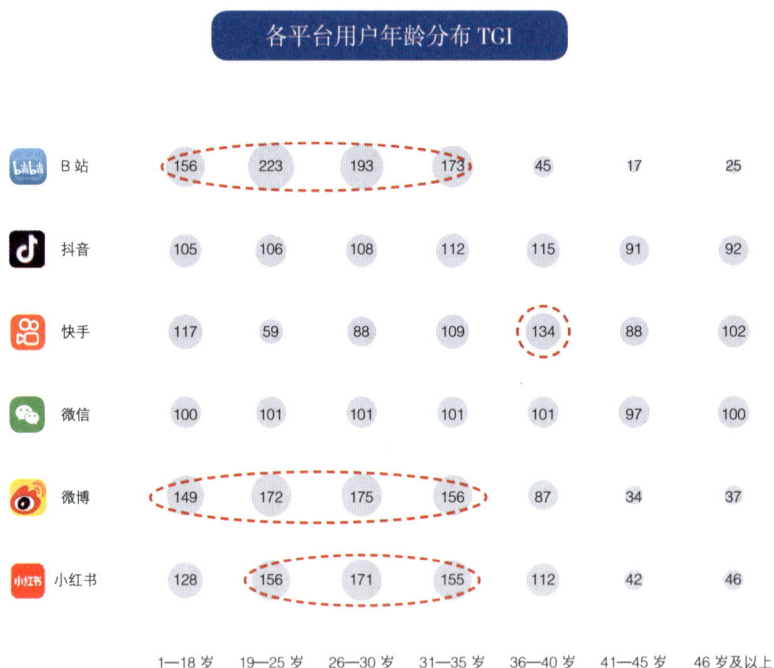

各平台用户年龄分布 TGI

	1—18 岁	19—25 岁	26—30 岁	31—35 岁	36—40 岁	41—45 岁	46 岁及以上
B 站	156	223	193	173	45	17	25
抖音	105	106	108	112	115	91	92
快手	117	59	88	109	134	88	102
微信	100	101	101	101	101	97	100
微博	149	172	175	156	87	34	37
小红书	128	156	171	155	112	42	46

平台用户年龄分布（来源：微播易 & 胖鲸《2022 主流社交媒体平台趋势洞察报告》）

用户地域分布。微媒体用户的地域化喜好并无明显特征，微博、B站、小红书的用户在一线城市和新一线城市分布较多，占比较高；抖音和微信用户在各线城市中分布较为平均；快手在四线及以下城市用户优势明显；各平台在二、三线城市的用户数量差距较小。

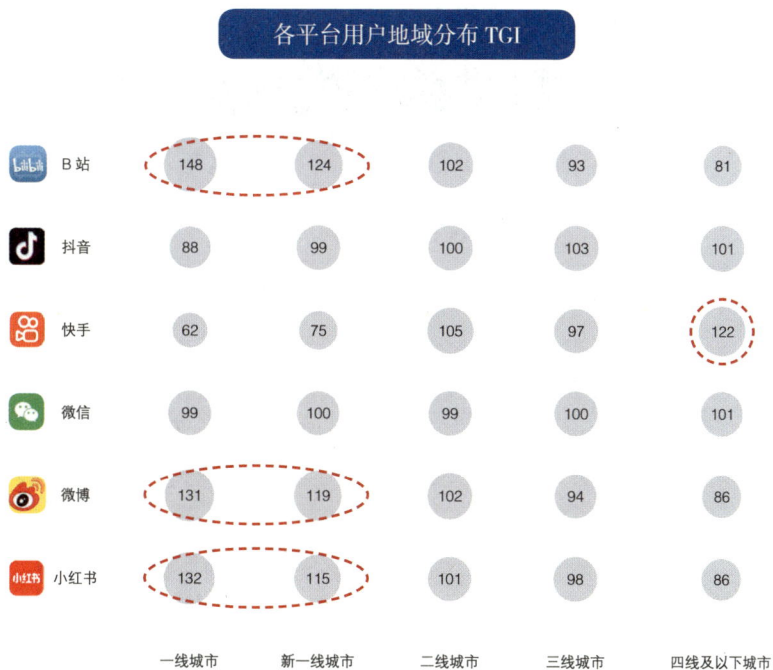

平台用户地域分布（来源：微播易 & 胖鲸《2022 主流社交媒体平台趋势洞察报告》）

　　用户兴趣分布。从用户的兴趣分布来看，除微信外，其余平台用户的兴趣分布广泛，且 TGI[①] 指数均比较高；微信的用户不同兴趣领域的差距较小，且均为平均水平。小红书的用户对美妆领域的偏好度远高于其他平台；B 站的用户对娱乐领域的关注领先于其他平台；微博、B 站和小红书的用户对于美食领域的兴趣差距不大；B 站的用户在游戏领域较其他平台的用户更为活跃。

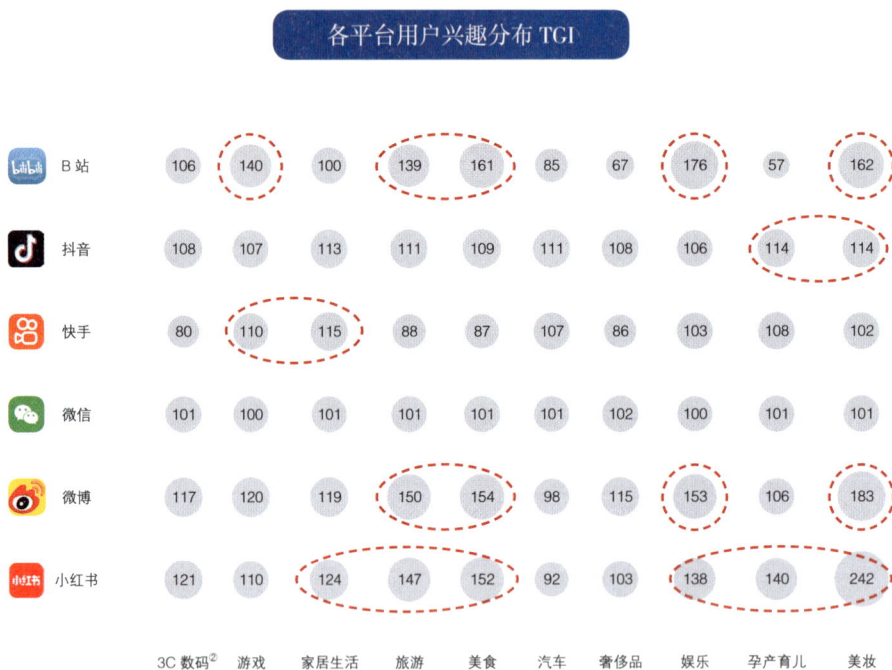

各平台用户兴趣分布 TGI

	3C 数码[②]	游戏	家居生活	旅游	美食	汽车	奢侈品	娱乐	孕产育儿	美妆
B 站	106	140	100	139	161	85	67	176	57	162
抖音	108	107	113	111	109	111	108	106	114	114
快手	80	110	115	88	87	107	86	103	108	102
微信	101	100	101	101	101	101	102	100	101	101
微博	117	120	119	150	154	98	115	153	106	183
小红书	121	110	124	147	152	92	103	138	140	242

平台用户兴趣分布（来源：微播易 & 胖鲸《2022 主流社交媒体平台趋势洞察报告》）

---

① TGI：目标群体指数，反映目标群体在特定研究范围内的强势或弱势的指数。TGI 指数等于 100，表示平均水平；高于 100，表示目标群体此类特征高于整体水平；低于 100，表示目标群体此类特征低于整体水平。
② 3C 数码：通讯产品、电脑产品、消费类电子产品三类产品的简称。

　　流量规模。从存量来说，目前微信的流量排名第一，基本涵盖了所有的用户层；在微信之下，抖音、快手、微博三大流量媒体齐头并进，其中抖音略胜一筹；B 站和小红书虽然相比之下流量较低，但近年来增量巨大，发展势头良好。

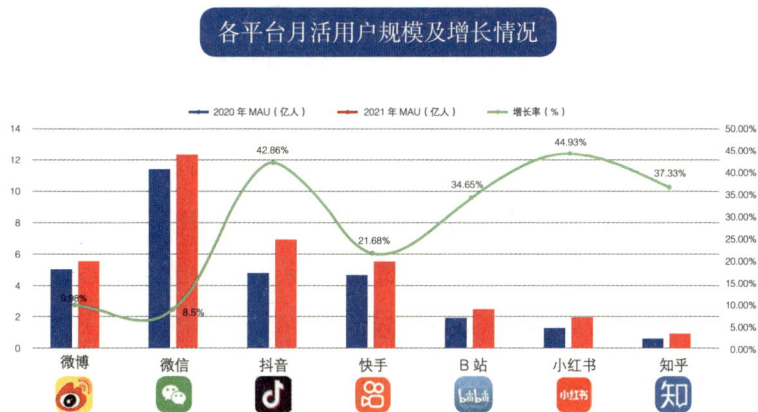

中国主流平台月活用户数（来源：微播易 & 胖鲸《2022 主流社交媒体平台趋势洞察报告》）

（2）国外主流微媒体

截至 2022 年 1 月，全球有 46.2 亿社交媒体用户，相当于世界总人口的 58.4%。2021 年全年，全球社交媒体用户增长 10% 以上，新增用户 4.24 亿，相当于平均每天有超过 100 万新用户。以下以 MAU[①] 为标准，简要介绍流量排名居于前列的微媒体。

Facebook。Facebook 是目前世界上用户规模最大的社交媒体平台，也是排名第一的照片分享站点。该平台用户的男女比例较为均衡，女性用户占比较高于男性。该平台是 18 岁以上各阶段人群的首选平台，主要用户为 18—29 岁、30—49 岁年龄阶段的中青年群体。用户群体年收入跨度大，包含了各个层级的收入群体，包容性极强。

YouTube。YouTube 是一个全球视频社交平台，是行业内实力强大、影响广泛的在线视频服务提供商，用户在其中主要进行下载、上传、观看及分享影片或短片等活动。其用户群体主要为 15 岁以上的青少年，男女比例较为均衡，男性用户占比较高于女性。不同收入的用户群体对平台的参与感强度呈现两极分化，其中年收入高于 10 万美元的高收入用户群体对该平台的参与感更强。

Instagram。Instagram 是照片和视频共享、视觉驱动社交的平台，其基于照片建立微社区，并使用户进行互动，对 18—29 岁的用户具有更强的吸引力。该平台的目标用户更为集中，用户的男女比例较为均衡，男性用户占比稍高于女性。年收入 7 万—8 万美元的中高用户群体与高于年收入 10 万美元的高收入用户群体参与度更强，年收入 6 万—7 万美元的中低收入用户群体参与度较低，其他收入层级较为平均。

TikTok。TikTok 即抖音的国际版本，是音乐创意短视频社交软件。其主要用户是 13—24 岁的青少年，但是用户对平台的整体参与度不高，有待进一步发展。

① MAU（Monthly Active User），指网站、App 等月活跃用户数量（去除重复用户数），其大小反映用户的活跃度。

与国内抖音不同，TikTok 的用户主要以女性为主，同时以年收入 10 万美元以上的高收入用户群体参与为主。

Snapchat。Snapchat 是照片共享应用，主要操作方式是用户录制视频、添加文字和图画并将其发送给好友，主要特点是所有照片只有 1—10 秒的生命期。其用户年龄集中在 15—25 岁的青少年群体；用户的男女比例较为均衡，女性用户占比高于男性用户。平台以年收入 7 万—8 万美元及以上的用户参与为主。

Pinterest。Pinterest 是视觉搜索引擎，该平台开创了通过社交媒体进行在线购物的先河，包含了大量的照片、图形、链接和灵感。平台用户以 18—49 岁的中青年群体为主；用户群体收入以年收入 7.5 万美元以上为主，属于高收入人群。平台女性用户占比明显较高，具有高度的女性化特征。

Twitter。Twitter 是分享实时状态更新的微博客平台，被形容为"互联网的短信服务"，其特点是消息具有字符数限制。主要用户集中在 18—29 岁的青年群体；平台用户的男性群体占比极高，呈现出明显的男性化倾向，具有男性主导的特征；用户以年收入 7.5 万美元及以上的高收入群体参与度最高。

1. 流量规模。截至 2022 年 1 月，Facebook 仍然是全球使用量最高的社交媒体平台，拥有 29.1 亿的月活跃用户数。YouTube 也不容小觑，该平台的用户增长速度几乎是 Facebook 的两倍，拥有至少 25.62 亿活跃用户数。Instagram 在 2021 年中增长速度最快，活跃用户数排名第三。TikTok 处于中间位置，需要进一步挖掘发展潜力。Snapchat、Priterest 和 Twitter 的月活跃用户数量较低，与前三名差距较大。

国外主流平台月活跃用户数排名（2021 年）

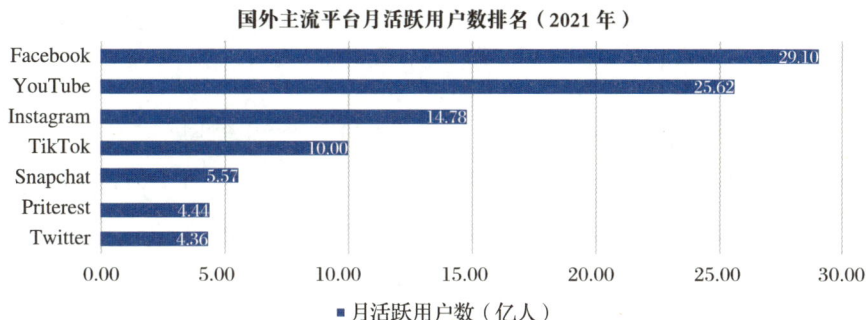

平台	月活跃用户数（亿人）
Facebook	29.10
YouTube	25.62
Instagram	14.78
TikTok	10.00
Snapchat	5.57
Priterest	4.44
Twitter	4.36

■ 月活跃用户数（亿人）

国外主流平台月活用户数（根据网络公开数据整理）

111

2.传播层级和阶段选择。传播并非一味地投放广告，而应参考影响力传播的层级，自上而下地依据比例进行划分。微播易提出全社交媒体平台整合营销方法的八大步骤，即锚定、入圈、埋点、深挖、破圈、收割、留存、优化，并提出在传播的不同阶段采取相应投放策略。

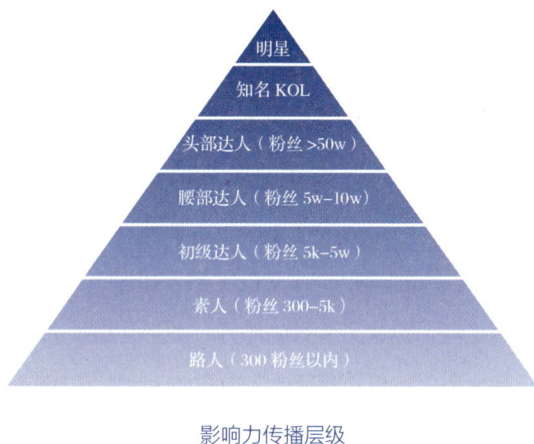

影响力传播层级

在锚定阶段，全面分析品牌特点、目标群体和传播需求，寻找相匹配的媒体平台。

在入圈阶段，B站、小红书、快手、知乎和视频号五大平台具有明显的社群属性和圈层属性，适合作为品牌或新品突破的首发阵地。

在埋点阶段，根据品牌的营销重点，选择更易提调性、扩影响、引跟风的社交媒体，如微博适合先声夺人、扩大影响；抖音和快手适合积累热度、快速渗透；小红书适合调性铺垫、引导跟风。

在深挖阶段，品牌借助全平台内容的广度和深度，多维度、全场景深挖产品卖点，以平台调性区隔内容"种草"，持续引导用户。

在破圈阶段，从前期的大范围深挖"种草"铺垫的积累，进入到中后期的社交投放，通过破圈以创造"1+1>2"的营销价值，可发挥社交媒体平台的泛娱乐属性，吸引并拉动新鲜用户圈层，继续向外拓宽品牌的兴趣用户范围。

在收割阶段，品牌可以通过传统电商、明星或网红直播、平台自建电商、平台站外跳转、平台间接转化等方式试水布局转化路径，让转化"收割"与"种草"引导同步进行。

在留存阶段，品牌整合营销的过程伴随着用户的留存，因此在前期铺设中品牌需要同步构建经营品牌自有私域阵地，例如微信生态的精细化运营，小红书、抖音、快手、B站等平台的企业号建设。社交媒体平台在吸引增量人群的同时，也肩负着培育存量人群并适时加以转化的重任。

在优化阶段，随着传播渠道的多元化和复杂化趋势增强，单一平台或单一的营销思维无法匹配品牌多样的传播诉求。品牌要与目标消费者进行有效对话，需要对目标用户的社交媒体偏好、使用情况及消费习惯进行更深入的调查。

二、及时回应用户诉求

如上文所述，要让内容有创意，最重要的一点是内容要对用户产生吸引力，吸引力体现在独特性和创新性。创意需要具有独特性的想法，但在微媒体传播领域却不能异想天开，而要令人信服。一切创意的诞生都是为了解决问题。要解决传播的问题以及用户的接受和影响问题，可参考以下要点：

第一，深入了解，精准把握。要了解目标受众，可结合本书第四章的内容对目标用户进行调研，也可按照前文所述的传播层级，直接选择符合用户特点的平台进行铺设。比如黑罐王老吉的推广策略，针对怕胖、怕糖、爱好重油重辣口味、喜欢熬夜晚睡、习惯性上火的年轻人群，王老吉抓住最典型的"熬夜"时间点——跨年。2021 年 12 月，王老吉在杭州等主销城市的地铁站投放了一组巨幅海报，打出了"大家都在搞跨年宣传，只有王老吉担心你跨年熬夜上火""什么跨年补新番，

黑罐王老吉宣传（来源：https://www.digitaling.com/projects/192478.html）

还不是骗我熬夜"等一系列走心且自带话题的文案，引起网络热议。

第二，发掘痛点和尖叫点。了解用户之后，在分析数据的同时还要发现用户的痛点和尖叫点。痛点即用户对企业的服务或产品的不满之处，一般代表现实生活中的问题，具有较高的价值。例如足记 App 坚持以"拍出的照片像电影大片"这一理念，对照片进行专业化、创新性的加工。足记的成功之处在于能给用户带来同类 App 无法实现的愉悦体验。尖叫点意味着服务或产品超过了用户心理预期值。痛点是服务或产品出现的缘由，尖叫点则是产品的目标。前者是产品思维，后者则是用户思维。尖叫点不仅要求解决用户的痛点，引爆尖叫点也会使用户主动为企业进行更大规模的宣传。

第三，寻找最大价值公约数。寻找最大价值公约数，即寻求目标用户认可的价值。在这方面，苹果公司的宣传可谓典型案例，其在中国市场的宣传策略呈现出从侧重产品宣传逐步转向价值观传达的趋势。例如苹果在 iPhone 13 新手机推出的时候，特意推出了《口袋里的好莱坞》《疑点重重》《每日英雄》三支短片为其造势。从以乔治·奥威尔（George Orwell）的小说《1984》为背景制作的经典广告片，到在国内一年一度的温情新春广告，再到著名 UP 主"何同学"的采访，苹果的营销宣传大多能引发大范围的关注。

"何同学"的采访视频（B 站"老师我叫何同学"账号视频截图）

第四，创造性地解决问题。创造性地解决问题，即采用与众不同的方法，而不是统一的方法和路径去解决问题。以下将结合案例主要论述"如何创造性地解决问题"。

其一，制造话题，提供谈资。谈资，从字面意义上来说，是供人茶余饭后谈论的资料。要制造有趣的话题成为广泛的谈资，有两种途径，一是使话题有传播价值；二是让话题忽略内在的价值和分享的价值，仅为传播而传播。我们倡导制造有意义的话题，提供具有建设性价值的谈资。

其二，激发竞争，参与讨论。如支付宝、网易云音乐等各类品牌的年终盘点活动，小游戏中的积分排行榜，微信朋友圈中的晒工资、晒孩子、晒美食或者晒步数等，这些活动都会激活用户的参与意愿。由无意识的炫耀和竞争激起用户参与讨论的动力，让用户在分享的过程中满足自身的社交需求。

网易云的年度盘点（来源：https://www.digitaling.com/projects/233568.html）

其三，制造唯一性和稀缺感，饥饿营销。金融学中有一个概念称为"损失厌恶"，即在面对同样数量的收益和损失时，人们认为损失更难以忍受，即同量的损失带来的负效用是同量收益的正效用的 2.5 倍，比如扣除 10% 的工资带来的痛苦，远远大于发放 10% 奖金带来的快乐。因此，人为地制造稀缺感、危机感以提升物品的知名度与价值，可以引起用户的争夺。如小米科技有限公司通过发放少量 F 码来确定用户的购买资格，营造出活动名额稀少珍贵的氛围，反而使关注和

小米 F 码宣传（来源：https://www.woshipm.com/operate/2281342.html）

参与活动的人数增加。又如小米科技有限公司选择将新的限量红米手机在官方认证的 QQ 空间上发布，并在发布前精准定位人群以聚拢人气，又在社交平台开展活动，最终达到红米手机在半小时内预购人数超百万的营销效果。

其四，以讲故事的方式制造话题。对受众来说，悬念、意外、惊喜是新颖且有意义的。例如盲盒属于惊喜经济，是吸引用户的情绪与注意力的重要手段。再如小红书的惊喜盒子通常在用户搜索、浏览笔记或发表互动时弹出，用户点击盒

在小红书上的惊喜盒子策划（来源：https://www.huodongju.com/home/article.html?id=7187）

子后会随机出现一些高价值奖品或者优惠券等福利，以此提高用户的平台参与度，激发用户的购买欲。

三、小变量与大趋势

自媒体不仅是表达思想的平台，也可以成为个人事业的发展引擎和财富的增长点。一般来说，在运营微媒体之前，需要考虑目标用户、主要内容、平台选择、增值服务、竞品情况等众多变量，并从中寻找发展趋势。

（一）洞察微媒体

在系统化工作中，对媒体的洞察最为重要。首先要确立对自身创建媒体的认知，塑造面向用户的形象，而后可以通过形象推广、内容累积来达成形象塑造。微媒体的自身定位与产品或服务相关，即不同生产主体的微媒体定位也不同，如"一条"微信公众号及"头条号"的文艺感，就与其创始人徐沪生长期担任《外滩画报》摄影记者的经历相关。

第一，市场趋势。市场趋势是行业发展的风向标，不以个人或企业的意志为转移。在潮流趋势下，先知先觉者有机缘捷足先登，后知后觉者也有可能弯道超车，不知不觉者则一定难逃窘境。比如最近两年"她经济"兴起，女性服装品牌"内外"通过一支电视商业广告"nobody in no body"，完成了女性品牌的价值传达，获得了女性群体的价值认同。

第二，内容核心。微媒体时代，用户通过推送、搜索、病毒式的传播和转发等去中心化的方式获取信息。但与此同时，用户更加趋向于选择自己认可的媒体，也就是说，用户信赖提供持续性的、高质量的、稳定的、可靠的内容生产者，此类生产者的信息总会被优先传播、优先阅读、优先选择。从这一角度看，内容生产依然是中心化的。因此，无论何时微媒体生产都要重视内容，即内容是传播的核心和本质。

第三，明确特色和识别特征。特色，即与竞品不同且能够满足用户需求的独特内容，即所谓的核心竞争力。如何在与对手的竞争中处于更有利的地位？当对手采取应对措施，或者率先挑起竞争时自己该如何应对？这些都需要微媒体创作者进行系统化的思考。此外，微媒体还需要鲜明的产品标识作为识别特征，虽然微媒体能以内容生产者、名人代言者等作为产品符号，但是具象的符号在一定程度上更受青睐。

第四，从名称到标签。名称，主要是为突出产品的鲜明特征，如果具有相同或相似名称的微平台较多，则会因过于相似而缺乏辨识度。其次，微媒体的名称要简洁明了，比如抖音、快手这些微平台的名称都是如今的常用词汇；又如 QQ 这个社交平台的名称由非常简单的两个字母组成；还有淘宝旺旺、当当等名称，其特点是使用叠字、朗朗上口，也更易于传播。当名称成为平台的象征、公众目光的聚焦点，大众一接触名称就会产生与平台相应的联想，这就是标签化。

第五，提炼口号。言简意赅的宣传口号，是让公众知晓品牌价值和特色最简单便捷的方式。比如华尔街见闻的口号是"Read less，Know more"，即浅读深知，准确且富有时代特征；再比如澎湃的口号是"专注时政与思想"，这表明时政新闻是其主要内容领域，且可以进行权威解读。

（二）观察用户

对用户的观察，主要包括社群、行为、偏向三方面，既要研究社群整体，也要研究个人特征。微传播的特点是触达每一个具体的用户，而用户具有稳定性、指向性，需要长期维护。

第一，自身特色与用户属性。必须理清自身特色与用户属性的关系。受众对信息传播的媒介和内容具有选择性，这种选择性受到受众自身地域、背景、文化和心理差异等各种因素的影响。在庞杂的用户群中，微媒体定位的用户取决于其与粉丝建立的关系。一般来说，微媒体与粉丝的关系分为消费关系、阅读关系和"消费＋阅读"关系。粉丝不等于客户，只有当微媒体成功实现自我定位并与粉丝建立消费关系后，粉丝才会转化为客户。微媒体在进行用户定位时，需要进行适当延伸，可把用户分为两类：一类是产品消费者，一类是内容消费者。通过泛品牌化扩大用户的覆盖范围。

第二，深入了解活动对象及其喜好。深入了解活动对象，准确来说是对用户进行更细致的划分，即重要的用户、核心的用户、一定不能伤害的用户等。研究表明，随着用户年龄的增长，其更倾向于使用常用的 App，对未接触 App 的探索欲会下降。因此，微媒体在开展活动时，需要对新用户和老用户采取不同策略。

如果活动面向老用户，则要考虑内容是否与用户共同进步；如果活动面向新用户，则更多在于帮助他们了解和熟悉平台。此外，深入了解对象的喜好，如分析活动对象喜欢的活动频率（太频繁会不会让用户觉得廉价）、活动类型（游戏娱乐、打折优惠、交友互动等）、活动时间（节假日还是其他时间）、产品功能（对产品某个功能使用频率特别高），以此可以更好地开展活动，建立良好的用户关系。

（三）考察产品

第一，产品属性和特色。以抖音为例，这是一个内容聚合型短视频社交平台。首先，该产品的属性是社交平台，特色是音乐短视频，多以流行音乐为主；其次，其用户是青年群体，该产品已成为年轻人的追求风向标；最后，该产品的形式以短视频交互为主。因此，抖音这个产品的特色关键词为"音乐""潮流""短视频交互"。

第二，产品架构。在搭建产品时，需要描述个性特征、生产结构特征、内部组合结构特征以及销售结构特征。不仅要梳理出产品自身的特征，还要梳理出产品之间的关系、产品和用户的交互、产品生产的流程等等。仍以抖音为例，该APP首页包含"首页、朋友、拍摄选项、消息、我"五个一级页面选项，也就是五个产品。五个产品各有路径，且在一定领域上相关或相交，即从一个产品的架构中进入另一个产品的架构，从一个生产过程进入另一个生产过程。

第三，产品运营。产品运营包括内容运营、用户运营、活动运营。内容运营是指通过创新手段编辑、组织、呈现网站内容，提高互联网产品的内容价值，并提升用户的黏着度与活跃度；用户运营是以网站或者用户的活跃、留存、付费为目标，并依据用户的需求来制定运营方案或运营机制；活动运营是通过定期或不定期策划创意性活动，来激发、转化、吸引用户。三种运营方式相辅相成，需要深入挖掘、灵活组合。

第四，产品生产循环。要建立一个科学且高效的内容生产投放体系，即在诚信、制度、规则的基础上，形成一个科学、有效的内容再生产循环。在内容再生产的过程中，一方面满足用户的需求，使用户数量得到提升，另一方面要提升和强化媒介自身。在用户数量、用户好评、经济效益和社会价值如何达到同步上升等问题上，微媒体与传统媒体并无明显区别。

（四）访察行业

第一，"双微一抖"独占鳌头，抖音、小红书的用户数量增速迅猛。根据前文主流社交媒体平台的月活跃用户数据可知，微信毫无疑问是媒体平台中社交赛道的第一名。其次是抖音、微博、快手，这三个社交媒体平台在用户活跃度上处于绝对优势地位。同时，近年来以 B 站、小红书、知乎为代表的小众化、精准定位、小而美的内容社区平台不断向外扩张，用户数增长较快，共同撑起社交媒体平台的第三流量阵营。除此之外，抖音、快手平台与用户的关系最为紧密，这两个平台的用户黏性较强。

第二，品牌投放转向新兴平台。社交媒体平台的高速发展，让越来越多的品牌营销有的放矢，开辟出与消费者深入对话的新路径。根据网络公开的社交媒体投放数据显示，从 2020 年与 2021 年品牌对主流社交媒体平台投放的金额分布来看，微博和微信的交易优势稍显不足，以抖音为代表的短视频平台和以小红书、B站为代表的精细、垂直、兴趣化聚焦的社交平台的投放交易金额则大幅度增长。

从品牌成交的账号数来看，2021 年小红书的成交账号数量占比首次超越微博，其媒体采购量实现大幅增长。抖音成交账号的数量占比上涨 10%。越来越多的品牌开始将宣传费用的预算方向转向新兴平台。

此外，关注主要行业品牌在社交媒体平台的投放重点。抖音成为美妆日化、食品饮料、母婴育儿和3C 数码等行业的主要投放平台，小红书和微博的主要投放品牌集中于美妆日化和母婴育儿等行业，微信同样是母婴育儿行业的主要投放平

2020 年 VS 2021 年主流社媒平台投放金额分布

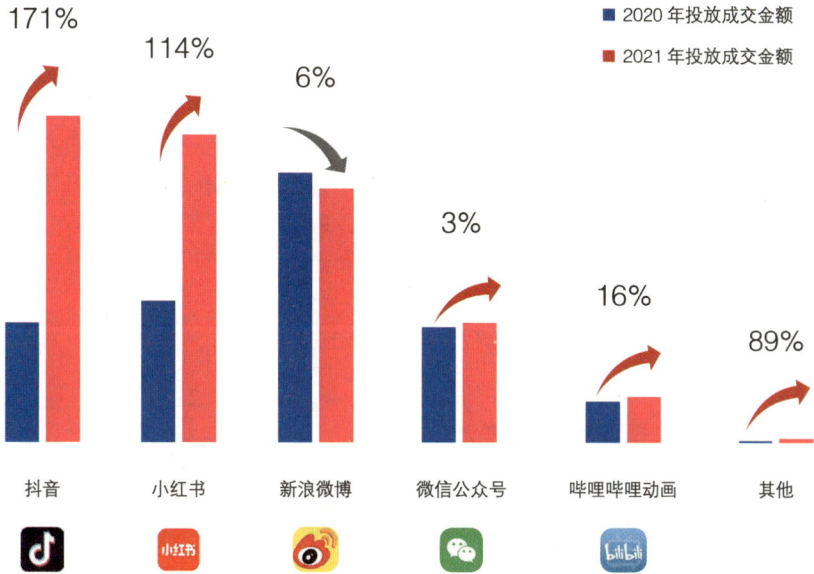

主流社交媒体平台投放金额分布（根据网络公开资料整理）

2020 年成交账号数量占比

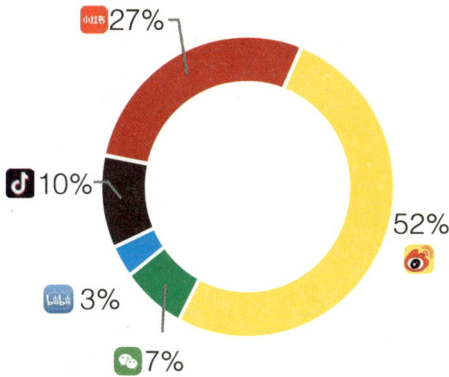

2021 年成交账号数量占比

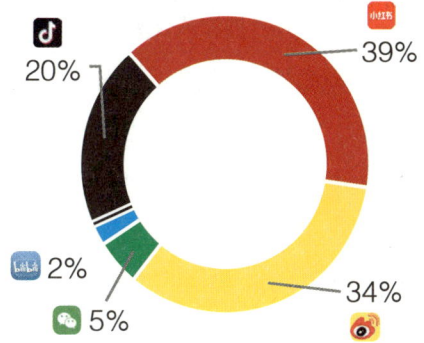

品牌成交账号数量占比（根据网络公开资料整理）

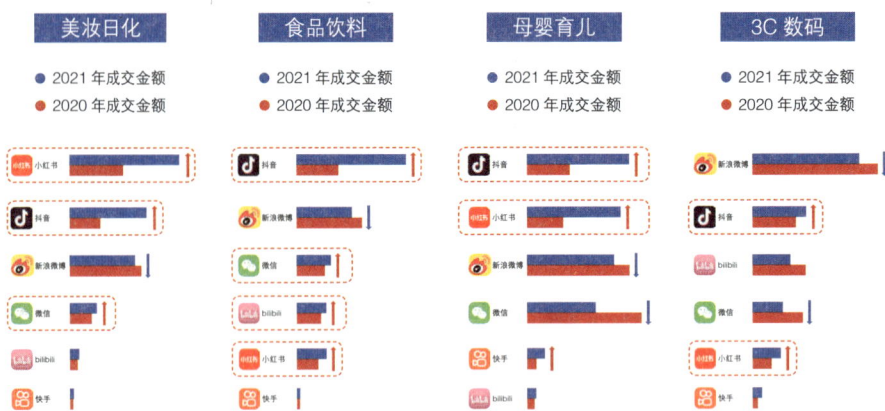

媒体投放品牌类型（根据网络公开资料整理）

台，而快手和 B 站在品牌投放方面并无优势。

第三，"种草"赛道高度拥挤，小红书营销出圈。近些年，互联网大厂开始效仿小红书，纷纷押注社区生意以开辟"种草社区"。其中，短视频平台以抖音为主。抖音在 2022 年初已将"种草"与"同城""学习"等一级入口并列共享，将图文笔记贯穿于短视频的浏览过程中。内容社区平台知乎也试图弯道超车，培育平台"种草"氛围。知乎发布视频《知乎的森林》，提出"别处种草，知乎种树"的内容营销理念。有别于"种草"模式，知乎内容的长尾效应优于其他平台。知乎将内容创作者和品牌商家在知乎平台的成长比喻为"种树"，以森林的生命力寓意知乎好物推荐的优秀潜力，由平台带领内容创作者、品牌商共同成长。

除此之外，传统电商平台纷纷迎来"小圈"时代。无论是淘宝的"逛逛"，京东的"逛"，还是拼多多的"拼小圈"，众电商平台纷纷通过差异化的图文笔记和短视频培育平台"种草"氛围，使用户的消费习惯由"搜"向"逛"转变。据阿里公布数据显示，2021 年淘宝"逛逛"的月活跃用户数已达到 2.5 亿，超越了小红书。

四、营销策略的深度掌握

（一）微媒体舆论场

只有了解当下全新的舆论环境和舆情传播特点，才能把握传播规律并游刃有余地使用策略，以实现有效传播。现阶段的舆论传播具有以下五个特征：

第一，关系传播。在互联网社会，人的社交网络基于现实的社会关系呈现网状结构并影响传播行为，进而影响舆情的生成与发酵。以微信为代表的熟人社交关系平台以现实中的社会关系为基础；而以微博为代表的关系的建立则以松散的陌生人关系为基础，通过某种认同与吸引（内容的精彩、观点的独特、价值观的认同等）建立联系，多以情感、信任为纽带，可被利用进行社会动员进而形成强大的社会舆情。居于社会不同阶层的传播者，会在信息传播的过程中附上不同的价值判断、情感代入和角色扮演，信息会被多角度加工及扩散，呈现出复杂多元的舆情局面。①

第二，显性传播与隐性传播。微博和微信是微媒体的代表，微博的传播是显性传播，微信是隐匿的圈层传播。微博是一个开放的信息传播平台。在该平台，任何人发布的信息、关注与被关注都可以被搜索查看，信息传播的节点是可见的、路径是可监测的，因而舆情也呈现显性特征。微信平台更为复杂，显性传播与隐性传播杂糅。微信公众号中的内容及评论类似微博，本质都是基于关注与被关注的关系为传播而进行的生产，因而属于显性传播；微信朋友圈和群内的传播内容对于非好友和群外人是不可见的，属于隐性传播。此外，微信群与朋友圈的信息还会交叉传播。与众声喧哗的微博舆情相比，微信舆情呈现为窃窃私语式的暗流

① 赵前卫、汪兴和：《微媒体舆情传播特点》，《今传媒》2017年第12期。

涌动。

第三，节点传播。微媒体最大的特点是每一位用户都是传播节点，即用户既是传者又是受者。在微媒体中，节点传播是指信息在节点之间以互动共享为特征而进行的传播行为，节点与网络紧紧联系在一起，每一个网民以自我或以"群"的直接参与方式被编织进传播网络中。节点传播具有巨大的威力，使得传播的影响力随传播节点呈几何式扩散，因而能在短时间内汇集巨大的关注度并引发社会热议。节点式传播推动了普通网民的意见表达，也给舆情管理带来了新的挑战。

第四，标签化传播。在微媒体舆论场中，通过"贴标签"来表达对社会事件及人物的认知和态度已成为普遍的传播方式。标签本身可以帮助人们对客体进行归类，这符合微媒体时代受众的信息接收习惯，即满足受众碎片化、浅阅读的需求，简化用户的认知过程，节约用户的认知成本，有利于聚焦扩大传播，但受众往往因此陷入认知偏差，对人或事形成刻板印象。比如，某"富二代"飙豪车途中造成车祸、某明星陷入"艳照门"事件……这些具有明显标签化特征的新闻总能轻易勾起读者阅读的兴趣，并形成先入为主的固化思维。

第五，情绪化传播。微媒体中的舆情更易聚焦并引发公众的普遍情绪，而情绪则是激发微媒体舆情的重要推手。社会情绪具有很强烈的群体情绪认同，"指的是在某一群体中，一个人或一些人由于不同的原因，在一定程度上对其他人有着心理上的联系，产生同情，并在情绪上引起共鸣的一种状态。"[①] 社会情绪通过微媒体平台迅速扩散，在关系网络下，情绪在每个传播节点都被裹挟着推向下一个节点，伴随着节点的相互连接，情绪开始迅速感染不同的群体。

---

① 张润泽、杨华：《转型期乡村治理的社会情绪基础：概念、类型及困境》，《湖南师范大学社会科学学报》2006 年第 4 期。

（二）事件营销和话题营销

1. 事件营销

对于微媒体的运营者而言，新闻事件永远是内容生产的核心。不管是什么种类的微媒体，参与到具体事件的舆论中，或对重大的新闻媒体事件进行舆论搭车，都是非常好的宣传方式。而对微媒体的生产者来说，了解事件营销也是必要的。

第一，关注新闻事件，进入舆论中心。公众越来越倾向于借助社交媒体将自身对社会事务的意见和看法发表出来，而参与事件讨论的人作为事件的一部分，处于舆论场的中心地带。例如，在 2019 年的"李心草事件"中，从李心草母亲在微博发文，到原有的案件被推翻调查，再到案件被重新审理的过程中，公众舆论发挥了极其重要的作用，推动案件向更加透明公正的方向发展。

第二，热点事件共振，参与用户议程。在热点事件中，大众的关注和讨论同样是议程的一部分，即微媒体在设置议程的同时，也需要参与到用户议程当中。如全民性话题"载人航天""奥运会"等，大众参与度极高。相关数据显示，2022 年 7 月 1 日至 8 月 30 日期间，微博上与"奥运"相关的博文有 90 多万条，而在奥运会举办期间，微博热搜榜每天都被"奥运"的相关热点占据，共计 3000 多个"奥运"相关话题登上热搜榜。

第三，挂钩热点事件，营销自我形象。与热点挂钩，是当下微媒体最为常见的营销手段。2021 年东京夏季奥运会，凭借赛场上的优异发挥，苏炳添成为全国商业价值最高的运动员之一，小米官方宣布苏炳添成为其品牌代言人。该消息发出后，立刻成为微博的热点话题。短时间内"苏炳添代言小米品牌"的话题获得 2.5 亿阅读量，"雷军和苏炳添长得有点像"等话题也登上热搜榜。

第四，热点事件的营销注意事项。一是潜在的法律风险。面对热点报道，应询问有关专家，思考并保证报道的底线和分寸。二是与用户价值的冲突。比如报道一个地区时，地区中的一些人因担心隐私曝光而拒绝接受采访，此时报道的方式就与用户价值产生冲突。三是被误解、误读的可能性。对热点事件的报道速度越快，其被误解、误读的可能性就越大。在现代传播中，面对误解、误读，可以通过深化性、创造性的公关产生反转。四是情感倾向。微媒体对于热点事件营销需要有基本的价值判断能力，如果微媒体对悲剧进行娱乐性消费，就有可能引发抵制。2021 年 4 月 4 日，魅族手机官方微博发布的带有"清明节"标签的广告文案中，"祭奠被干掉的广告"一句被网友质疑蹭热点、不合时宜。最终此争议广告微博当天就被删除，魅族手机官方微博致歉并暂停运营两天。

2. 话题营销

事件引发话题，话题引发讨论，讨论引起关注。新闻事件是话题的起因，一般情况下，讨论即为互动，互动引起用户的持续性关注。同时，也存在话题与事件互相作用的情况。

第一，形成话题的要素。一是冲突——有冲突就有围观，冲突往往有着更大的视觉冲击力和新闻价值。如"开心果"购物 App，刚上线两个多月便有超过 70 万家庭用户注册，在业内引起轰动，吸引了资本的关注。其广告语"不拼团，也便宜"制造与竞争对手的对立，以广告攻击竞争对手的弱势，从而塑造非拼团的差异化电商战略。二是反常——反常引起关注。最典型的解读就是 19 世纪 70 年代《纽约太阳报》的编辑主任约翰·博加特（John Bogart）对于新闻的诠释："狗咬人不是新闻，人咬狗才是新闻。"三是共鸣——寻找话题，引发共鸣，引起大众讨论。四是名人——基于名人的身份地位和社会影响，发生在名人身上的事件更有可能成为话题事件。五是议程。如在中秋、国庆、春节、端午这样特殊的节点关注相关议程和讨论相关话题，就会更容易引起大众的关注和参与。

第二，形成话题的几种手段。一是撩——展现互动的艺术。二是挑——挑起冲突，挑起争议。杜蕾斯在宣传时经常提及其他品牌，也是在"撩"其他的品牌，其他的品牌进行回应，双方的互动使双方的用户产生兴趣并引发关注和讨论。三是炒，即炒作事件让人关注，明星炒作是最常见的手段。炒也需要情节化的转换和反转，以吸引公众的注意力。

第三，动态营销：危机公关。庞大的网络用户使得微媒体具有传播迅速、成本低廉和高效等特点，同时也容易形成舆论危机。但危机之中往往隐藏着转机，甚至蕴含着机遇。微媒体需了解自身或产品的不足，在平常与用户的交流中不能回避不足或进行反向宣传，否则一旦出现负面信息，前后信息的严重不对称会导致用户出现极大的心理落差，进而产生舆论危机。

解决舆论危机可以采用"5S"原则，即速度第一原则（Speed）、系统运行原则（System）、承担责任原则（Shoulder）、真诚沟通原则（Sincerity）、权威证实原则（Standard）。[①] 企业通过微媒体来进行危机公关时，在5S原则的基础上还需注重三大细节，即研判舆情、放低身段、找准对象。

一，研判舆情。互联网舆论危机通常起源于微小的事件，小范围的舆论随时都有可能发酵，最终演变为重大的舆论危机。依据德国传播学家伊丽莎白·诺埃勒·诺依曼（Elisabeth Noelle-Neumann）提出的"沉默的螺旋"理论，若公关人员缺乏对线上或线下细微事件洞察研判的能力，对认为微不足道的舆论事件置之不理，该事件经过舆论的发酵后很有可能转变为大的舆论危机，公关的难度也会加大。如"张小泉"品牌的菜刀拍蒜断刀事件，"张小泉"品牌菜刀的总经理之前说中国人切菜方式不对的视频被二次曝光，进而惹恼网民。不良的处理方式使舆论小事故变成大危机。

二，放低身段。互联网下的舆情管控和危机公关讲究依大势而行，并非盲目追求完美。危机出现后，仍有企业采用"失声"和沉默的方式应对问题。[②] 然而，网络中的舆论呈现去中心化之势，即每个人都有可能成为信息传播的节点，在这种情况下，微媒体平台想完全把控舆论的声音是不可能的。在匿名化的网络世界里，负面反馈极为常见，因此微媒体在危机公关中需放低身段、考虑大局，以用户体

---

① 游昌乔：《危机应对的5S原则》，《中国中小企业》2004年第8期。
② 陆季春：《新媒介语境下的企业公关传播与危机管理》，《新闻战线》2015年第12期。

验为中心。若微媒体未放低身段而去伤害用户，最终会伤害自身。例如"加多宝"说"对不起"的典型案例，加多宝虽然输了官司，但凭借在微博平台上用自嘲的文案配以幼儿哭泣的图片，在大众舆论中占了上风。

三，找准对象。公关是无形的战争，需视不同情况寻找不同的策略。头绪清晰、三思后行的公关方能制胜千里。若公关的对象不明确，一切都是徒劳甚至会引发新一轮舆论危机。在微媒体公关战中，如果是有明确商业目的、有预谋的网络舆论攻击，微媒体必须第一时间警觉、果断处理。对一些没有明确商业目的的小范围内的负面信息，微媒体只需进行小范围的公关处理。

（三）传播中的小技巧：表情包

表情包是一种直观的、简洁的、形象的、大家普遍认同的表达方式。当下，很多人把自己喜欢的人物或卡通形象制成表情包去分享或付费出售，这已经变成一个产业链。

第一，特定平台的特定表情包具有风格意义。特定表情包具有一种认知作用，是一种风格化的生产方式。表情包是符号化的情绪表达。在个体层面上，表情包能够增进个体之间的互动和交流，还能成为负向情感的减压阀，具有自我心理治疗的功效；在社会层面上，表情包背后透露出的社会情感是社会现实的间接反映，是社会运行的风向标和晴雨表。总体来说，表情包更新迭代快，其生产围绕热点话题、网红明星等展开，能引起大多数人的共鸣，因而交互性强且易于被接受和被传播。表情包还可以进行再生产和再传播，如将原来的画面配上文字做成全新的表情包，或放大自己感兴趣的事件和特定人物，以获得更多关注。

第二，不做滥用表情包的"表情帝"。在表情包成为常态的同时，应注意正确使用而不滥用，这就需要遵循以下原则：其一，学会借用热点和事件创作表情包；其二，经典作品是表情包的富矿；其三，要与公众的情绪指向一致；其四，要形成风格和个性，具有独特风格和个性的表情包才是最有价值的。

五、"流量密码"案例分析

（一）人民日报：打造现代化全媒体矩阵

人民日报在以"中央厨房"式传播方式出圈并形成自己的 IP 和品牌之后，其媒体深度融合的全媒体矩阵成为典型的传播案例之一。

第一，全媒体矩阵构建。在中央级媒体方面，人民日报综合官方网页、微信、微博、新闻客户端等多端资源，构建"数据中心"和"信息超市"，打造出一个现代化的全媒体矩阵，在移动传播上卓有成效。据《人民日报社社会责任报告（2021 年度）》的数据，截至 2021 年底，全国党媒信息公共平台入驻单位 363 家，内容池聚合推送稿件量超过 5600 万篇次。人民日报客户端用户自主下载量达 2.73 亿，活跃度在主流媒体创办的新闻客户端中保持领先。人民日报法人微博粉丝数超过 1.4 亿，人民日报微信公众号用户订阅量突破 4100 万，人民日报抖音账号粉丝数超过 1.4 亿，人民日报快手账号粉丝数超过 5400 万。截至报告发布前，人民日报社全媒体覆盖用户总数超过 11 亿。[①]

第二，矩阵内部优势互补。人民日报新媒体形成矩阵内部优势互补以及与其他矩阵协同联动的传播格局。在新媒体矩阵之外，人民日报法人微博和政务微博在关键时刻互动，能显著扩大部门账号的影响力，有效传递政府部门的声音，达到协力传播政策信息、共同引导舆论的效果。因此，其他媒体在构建全矩阵时可以加以借鉴，注重不同平台、账号之间的互动，以起到传播互助的效果。

---

① 孙苗苗：《报网融合下的数字化转型探讨——以人民日报为例》，《全媒体探索》2022 年第 7 期。

人民日报全媒体矩阵（来源：《人民日报社社会责任报告（2021年度）》）

（二）完美日记：构建"完美"营销策略

完美日记成立仅数年，但其凭借自身的新媒体营销策略，一度稳坐彩妆品牌销量排行榜前 10 位，被称为"国货之光"。在 2017 年开设电商网店的前几个月，完美日记一直销量低迷，转折出现在 2018 年。2018 年初，完美日记开始重点布局小红书的运营，并且加大了平台营销力度，随后其销量迅速增长。目前完美日记在小红书上坐拥超过 200 万的粉丝数量，远超雅诗兰黛的 46 万多的粉丝数和花西子的 19 万多的粉丝数。其企业号也已经发布 1200 多篇笔记，互动数接近 600 万次。同时，完美日记在小红书上足有 24 万多篇的相关笔记，可见其在小红书的投放力度。

完美日记的营销策略如下：

第一，"金字塔形"投放，"种草"文化营造。完美日记采用"金字塔形"的投放策略，形

完美日记小红书账号（来源：https:// zhuanlan.zhihu.com/p/546774096）

完美日记微信号私域流量池构建流程

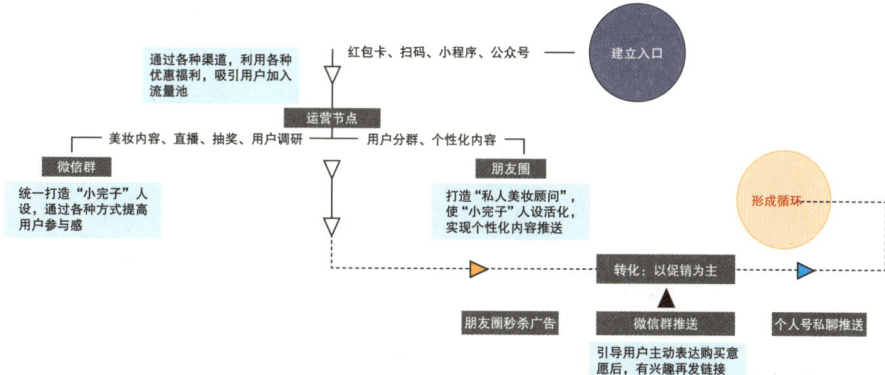

完美日记私域流量运营（来源：根据网络公开数据整理）

成一种自上而下的传播矩阵，其投放重点主要在于中腰部的 KOL。其自上而下的投放比例大概为 1（明星）：1（知名 KOL）：3（头部达人[①]）：50（腰部达人[②]）：100（初级达人[③]）：150（路人），其中路人通常是在影响下进行自发传播。这种自上而下的金字塔投放策略，可以有效运用人们的"跟风、追梗"心理。首先与明星（如朱正延）以及知名 KOL（如李佳琦）进行合作，在为产品造势的同时进行信任背书。其次，由一定数量的头部达人跟风明星进行宣传，继续扩大声势，再由大批量的腰部达人和初级达人持续向外传播，营造出所有人都在用完美日记的火爆场景，最后再推动用户跟风晒产品。完美日记在进行营销时，并不会直接引导用户购买，而是通过"种草"的形式打造用户对品牌的认知，使用户产生购买欲望，最终在天猫平台上进行销售。在此后长时间的维度里，每当用户因相关需求在各大社交媒体搜索产品的时候，其在打造"爆款"过程中所做的营销都会产生丰富的长尾流量。当然，再完美的营销也要回归产品质量。完美日记的销量在每次爆发式的增长之后，都没有出现滑坡式的下降，反而呈现出阶梯式的上升，这足以说明完美日记的产品质量和对用户需求的把控能力。

第二，打造统一人设，运营私域流量。以完美日记微信号的私域流量池构建为例，其通过福利引导用户进私域流量，然后打造一个"小完子"人设。如此可有效提升用户对产品的复购率和用户的忠诚度，还有利于进行用户调研和产品调研，帮助产品进行迭代优化。

[①]　头部达人：一般是指平台上粉丝数量超过 100 万的用户，还有的平台认定粉丝数量超过 50 万便为头部达人。

[②]　腰部达人：一般是指平台上粉丝数量在几万到几十万不等的用户。

[③]　初级达人：一般是指平台上粉丝数量在几千的用户。

（三）樊登读书（帆书）：优质内容引导用户自传播

樊登读书以"帮助那些没有时间读书、不知道读哪些书和读书效率低的人群每年吸收 50 本书的精华内容"为目标，以"帮助 3 亿国人养成阅读习惯"为使命，以"每多一个人读书，就多一份祥和"为企业愿景。截至 2020 年 2 月，樊登读书在抖音平台认证的账号有 103 个，累计粉丝数超过 1 亿。其从 2018 年 9 月发布第一个作品后，在一年多内实现了粉丝的聚集。

第一，具有自我特色的优质内容。樊登读书前期一直在跟风抖音的热点作品，如幻灯片图片作品、抖音书单、音频＋文字特效等，但因并没有优质的内容输出，平台数据稀松平常，效果十分不理想。契机出现在第二十个作品，樊登读书发布了樊登关于爱情的视频内容。该视频内容为"解说形式＋内容输出"，产生了1000 万次的播放量。从此之后，樊登读书开始发布生活常识解读类的视频，开启了快速涨粉的晋升道路。其通常利用最新的观点解释常识，使人产生恍然大悟的"得到感"，刺激观众进行点赞、评论、转发等互动。由此可知，抖音的热门作品不是由平台控制的，而是被用户选择的。之前，从幻灯片图片到音频特效，再到视频内容，樊登读书一直在追求平台的热点，却没有从粉丝的欣赏角度去发布作品，因而数据惨淡，直到发布樊登老师的线下课程视频，才最终爆红。可见，优质的内容才是流量的关键。

第二，矩阵化"爆款"账号批量运营。抖音的本质就是重复、模仿，而樊登读书有 103 个账号，其用大量的视频内容打造樊登的个人 IP。多个账号的建立是基于抖音的推荐算法的：一个账号的推荐量是有限的，多个账号意味着更多的流量，而抖音也能够容纳多账号的内容输出。最为重要的是，樊登读书拥有上千独立运营的授权点，用矩阵的方式让授权点参与短视频账号的运营。通过多个账号的积累，樊登读书 IP 迅速火爆。

由此，我们可总结以上案例的共同点。第一，选择正确的微媒体。如完美日记契合小红书平台的兴趣标签，樊登读书符合抖音的推荐算法等，都是优势与平

帆书·助人轻松成长的新阅读开创者

樊登读书（帆书）（来源：樊登读书官方网站）

台对应，以达成初步成功。第二，优质内容的保持。传播的最终落点是满足用户的期待，只有保持优质内容的持续输出，才能经久不衰并进一步留存用户。第三，提高用户的忠诚度，即"私域流量池"建设。通过提高互动性、参与感及加大优惠力度等方式加强与用户的联系。

附　录

『百微山大』短视频平台创意案例

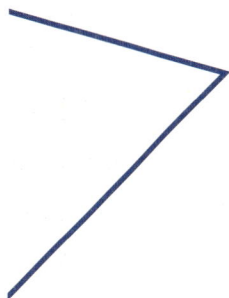

一、高校新媒体如何生产创意内容

2017年，短视频作为一种新兴的视听媒介形态悄然风靡。山东大学顺势而为，指导山东大学广播电视台实施"百部微视频工程"，并将建设成果集中体现于"百微山大"这一开设于微信公众号的新媒体平台上。作为山东大学的官方短视频平台，"百微山大"在短视频精品化创意生产的实践探索中已形成自身的特色。

山东大学"百微山大"文化品牌

（一）"百微山大"的路径探索

自推出以来，"百微山大"立足精品化创作理念，坚持打造精品化新媒体作品，致力于精心策划有温度的选题，拍摄有厚度的内容，传递有深度的声音。其被中央电视台《新闻联播》评价为"运用新媒体、新技术，将思政工作做到学生心坎上"，并获得"全国高校优秀网络栏目精品奖""中国高校电视奖""山东省文化创新奖"等多项荣誉。

1. 选题策划："二元"思维体现思想性

"百微山大"坚持生产者思维，设置板块类别，加强选题设置，以突出平台的思想性。

高校的根本任务是立德树人。"百微山大"立足高等教育场景，紧紧围绕高校人才培养、科学研究、社会服务、文化传承创新、国际交流合作五大职能，设置"学子""学者""人物""学园""校友""创新创业""三全育人""热点""特辑"等板块。这其中既有发掘师生、校友中典型人物为主的选题，也有以高等教育发展中的典型案例为主的选题，同时还关注到高校在抗击新冠疫情等社会公共热点中的科研攻关、志愿服务等选题。如"学子"板块重在对青年学生群体的理想信念教育和成长成才教育，"学者"板块重点展现高校教师群体将家国情怀倾注于科学研究与文化创新，"学园"板块主要展示学校的自然人文风光和多彩校园生活。

"百微山大"关注用户思维，注重把握节点契机吸引圈层受众，以突出主题的思想性。

在融媒体时代，网络赋权了普通个体参与信息生产与传播的过程，倒逼传媒产品生产采取"用户思维"。用户的情感体验和互动参与可作为衡量媒体产品成功与否的重要指标之一。在短视频叙事中，"百微山大"一方面敏锐捕捉社会热点，洞察社会需求，另一方面将专业的叙事能力内化于对用户的场景带入、共情触发、需求满足等体验中。如国家层面出台重大政策时，"百微山大"及时组织专家解读，并依据大学生群体的反响来策划选题；针对社会普遍关注的全国夏季高考等热点，"百微山大"进行学科介绍、招生政策等选题策划；平时，"百微山大"还会围绕开学典礼、毕业典礼、校庆等高校普遍性的重要节点组织专题策划。

2.叙事内容：故事化方式体现艺术化

通过故事化的叙事方式，"百微山大"不断实现日常生活艺术化。美客观存在于现实世界中。主张"美是生活"的车尔尼雪夫斯基指出："任何事物，凡是我们在那里面看得见，依照我们的理解应当如此的生活，那就是美的；任何东西，凡是显示出生活，或使我们想起生活的，那就是美的。""百微山大"叙事的艺术化，体现于基于日常生活的视频内容创作，以及生产过程中对内容审美性和形象性的把握。

艺术的审美性是真、善、美的结晶。在"百微山大"小而美的短视频叙事美学中，作品生产者基于对色彩、镜头、光影、音响等艺术手段的综合运用，把现实生活的真、善、美通过故事化叙事的形式表现出来。如在短视频《当数学遇上彭实戈》中，"百微山大"将镜头对准彭实戈院士的书房，使观众可以旁观院士的日常生活，可以如朋友般沉浸式地听他讲述学术故事和生活趣闻。鲜活真实的场景将这位杰出的中科院院士还原成了大学校园中的一位朴实长辈，拉近了人物与观众的距离。

艺术的形象性通常是客观性与主观性的统一、内容与形式的统一，同时也是个性与共性的统一。"百微山大"短视频中所塑造的艺术形象，是通过影像化的艺术手段对社会生活的特殊表达，是真实却感性的。"百微山大"的故事大多来自校园生活，镜头中的老师和学生在各自领域演绎着平凡中的伟大，是经过生产者艺术化创作后的真实。通过主题、环境、情节的设置，作品故事往往基于日常生活认知，同时又展示出对日常生活的超越。如短视频《大山里的山大人》让观众跟随山东大学研究生支教团的学生走进大山，让处于真实场景中的支教团将几代人的支教故事娓娓道来。

3. 表现形式：视听化语言体现精良度

"百微山大"以视听化语言打破时空界限，通过技术应用不断创新作品的表现手段，力求表现风格与手法的多样性，以体现出较高的制作精良度。秉承精良制作的理念，根据不同题材的类型特点和各类视听语言的特征，"百微山大"对短视频作品进行了多元化体裁设计，通过个性化、差异化和互动性的表现形式，生产出高质量、有格调的短视频作品，实现社会效益、市场收益和观众满意度的全面提升。

新形式、精制作可以有效助力内容推广并捕获受众的注意力，"百微山大"综合运用动漫、音乐短片、快闪、深度报道等多种形式对作品进行生动呈现，以精美的画面、巧妙的构思和精良的制作吸引受众。《党代会送出"大礼包"》通过动画形式形象地解读山东大学第十四次党代会的报告决议，使师生更加直观生动地了解党代会提出的一个个振奋人心的目标、一项项求真务实的举措；《你有多美》中以音乐和画面融合的视听语言，使山东大学医疗队驰援武汉的家国情怀、担当精神直叩人心；《我和我的中国》通过对年逾八旬的终身教授曾繁仁、医者仁心的校友董颀、服务大国重器的校友韩志航和年轻的创业校友李天驰这四位天南海北、老中青三代山大人的人物采访，深刻诠释了山东大学"为天下储人才，为国家图富强"的办学宗旨和山大人的家国情怀。

（二）对其他高校新媒体平台的启示

"百微山大"由山东大学广播电视台具体实施，积极在新媒体平台运作的规则范畴内实施精品生产路径。其在选题策划的思想性、叙事方式的艺术化和语言技术的精良度等方面，为其他高校新媒体平台建设提供了经验参考。

1. 以选题策划的思想性建设为根本

内容的供给侧改革是媒体发展的生命力之源。以"百微山大"为代表的高校新媒体平台，在顺应媒体深度融合发展时立足需求侧的受众视角。其通过栏目、板块等设置选题结构，紧紧抓住生产者视角的内容供给侧结构性改革。这是体现思想性的关键性路径。

"百微山大"在对内容作品的选题策划时，不断融入用户思维，立足受众视角，关注重大选题。如在传承弘扬中华优秀传统文化方面，以山东大学考古学科发展和重大考古发现为切口，连续推出《会说话的甲骨》《第一碗茶里的文明》《一技千年》等短视频，展现出高校在中华文明探索未知、揭示本源方面的独特贡献；如依托国家交通强国重大战略，《交通先行者》短视频深入探访了山东大学产学研一体化的服务国家战略，让受众感受到社会进步中不可或缺的高校力量；如教育系统决战决胜脱贫攻坚战中，《扶贫答卷》《我和我的家乡》《我的青春在基层》等短视频展现出山东大学多年来在教育扶贫工作中积累的扎实成果。高校新媒体平台需要这样的重大选题策划，以丰富各个圈层受众的情感体验。

2. 以叙事方式的艺术化手段为支撑

叙事是历史积淀与时代精神相结合的载体。"百微山大"用基于短视频的艺术化叙事特征，将作品场景设置在日常生活中，以实现集体共情，其综合运用艺术化手段，实现多元要素的影像化协同。高校新媒体平台以这样的故事化叙事方式，可将师生日常校园生活中的真、善、美呈现得更艺术化。

"百微山大"在故事化叙事的同时，还注重综合运用各种艺术化手段，通过抒情、议论、对比等多种方式，促进主题、环境、情节等多元要素在短视频作品中融合。高校新媒体平台依托高校、面向师生，具有其特殊的意识形态关照场景和受众，其在运用艺术化手段、协同多元要素之时，一定要坚持工具理性思维。曾任山东大学校长的华岗是杰出的共产党员，他是《共产党宣言》的翻译者，山东大学《文史哲》杂志创刊人。为了表现这一人物，"百微山大"采取了动画与纪录片两种方式，都呈现出较好的传播效果。动画版本瞄准青年人的兴趣特点，以风趣现代的解说词搭配卡通的人物形象，被中央电视台《新闻联播》《晚间新闻》等作为创新思政教育的典型案例进行报道。纪录片版本的摄制团队则是深入实地探访，真实还原了老校长华岗的红色人生。该纪录片没有过多的渲染包装，却实现了极富感染力的叙事效果，获得教育部"新时代教师风采短视频"优胜作品奖。

3. 以语言技术的精良度提升为保障

纳入多元视听语言，可以有效提升作品的制作格调。在作品生产过程中，高校新媒体平台从理念上可以积极将视听语言纳入作品的内容生产，从实践上积极将融媒体编创模式纳入作品的内容生产,并严格规范作品制作流程。

精良度是衡量作品的"质量标准"。好的作品不仅要不断提高制作水平以满足社会需求、提升观众的体验感,更要符合行业标准和市场制作规范。对于"百微山大"而言,前者表现为不断纳入多元化的表现形式(如动漫、音乐短片、快闪等)以丰富作品制作技术;后者表现为所有作品严格按照专业化、标准化的流程来生产,严格遵守国家广电总局发布的《广播电视和网络视听标准化管理办法》等相关行业管理规定,同时在媒体内容的审核发布上严格执行"三审三校"制度,制定《"百微山大"宣传管理办法》《"百微山大"微信公众号运营管理规定》等相关文件条例。由此可见,要提升高校新媒体平台作品制作的精良度,技术和流程是两个不可忽视的保障要素。

(本文节选自《高校新媒体平台精品生产路径研究——《百微山大》短视频平台创新实践及其启示》,原载于《全媒体探索》2022 年第 12 期)

二、《百微山大》创意文案选编

文案 1：《百微山大 | 会说话的甲骨》

视频刊播于 2022 年 1 月 6 日

图例：《百微山大 | 会说话的甲骨》视频截图和视频链接二维码
来源："百微山大"

【画面】

【解说】在山东大学博物馆，一片龟甲静静地躺在那里。3200 多年的时光让它历经沧桑、裂痕斑驳，但刻写在上面的清晰的字迹却分明带着我们穿越历史迷雾，回到那个文明滥觞的时代。

【画面】

【解说】2003 年 3 月，山东大学考古研究所联合省内两家考古单位，在济南东郊大辛庄一处商代遗址进行考古发掘。当一片薄薄的甲骨浮现在大家眼前时，冰冷的探坑一下沸腾起来。

【画面】

【同期声】当看到这几个字的时候，我就"哎呦，太重要了"。虽然过去了将近 20 年的时间了，现在回想起来还是觉得（这是）很令人激动的一个场面。我

们工地上其他的老师、同学，也是很受鼓舞。踏破铁鞋无觅处，好像得来全不费
工夫。

【画面】

【解说】甲骨文是我国能见到的最早的成熟汉字，为商王朝流传之书迹，因
书写在龟甲、兽骨上得名。之前发现的十余万片殷商甲骨文，全部出土于河南安阳、
郑州等地区，这些地区是殷商都城所在地。大辛庄出土的甲骨文与安阳殷墟甲骨
在字体笔画、龟甲钻凿上相仿，是第一次在殷商都城以外地区出土的商代甲骨文。
一时间，这一消息震惊全国，引来学者云集。

【画面】

【同期声】这当然是一个有着界标性质的重大发现。

【同期声】拼对的时候，逐渐地都拼合起来了，使它成为一个带有 34 个单字的、
一片几乎完整的龟的腹甲。

【画面】

【解说】随着龟甲碎片的拼合，一段远古文明的记忆逐渐清晰起来。在 3200
多年前的这片土地上，一位商代贵族正准备对自己先祖进行祭祀，这无疑是项十
分庄重而虔诚的仪式。每次祭祀前，他都对选用何种祭祀用品进行了占卜。

【画面】

【同期声】御四母豩豕豕豕。（意为）对四位母辈的先人进行祭祀，用了四头
不同的猪。这个刻写得是非常明确的。

【画面】

【解说】文字的诞生，历来被看作人类历史从蒙昧走向文明的分水岭。尽管
在殷商时期，文字使用还只是少数王氏贵族掌握，但毫无疑问的是，文字的传播
与信仰的认同、礼制的统一等，一道构成了远古时代广域国家形成的文化基础。
这恰如我们今天所讲的"国家文化软实力"。

【画面】

【同期声】从某种意义上来说，它（文字）比武器一点都不差。因为文字在

行政尤其在军事上的作用，是显而易见的。信息的传递准确性，比口耳相传要准确得多。所以它（甲骨文）出现之后，我觉得中国出现广域的国家，应该是在商代。

【画面】

【解说】大辛庄甲骨文的发现，再次有力证明了商王朝统治范围已延展到了今天的济南。这是从商都安阳出发，向东 300 公里的距离。

【画面】

【同期声】大辛庄遗址自始至终成为商代经营、经略东方的一个重地所在。实际上商王朝是逐渐地往东扩展的，可以说大辛庄是一个桥头堡。一旦占领了这个地方，它就稳扎稳打，以这儿为统治据点，再向半岛地区推进。

【画面】

【解说】值得注意的是，大辛庄甲骨卜辞中出现的"豕"即为"家猪"之意。这与殷墟甲骨文中多以牛羊为祭牲不同，说明东夷的农耕文化已深深影响了原为游牧半游牧的商族文化。

【画面】

【解说】正是多源头文明的交融，共同铸就了华夏文明的灿烂辉煌、生生不息，直至今天。

（该文本以《百微山大 | 会说话的甲骨》视频方案为准，在保留原文的基础上，对部分语句进行了修饰加工。）

文案 2：《百微山大 | 新时代 · 新文科》

视频刊播于 2022 年 11 月 14 日

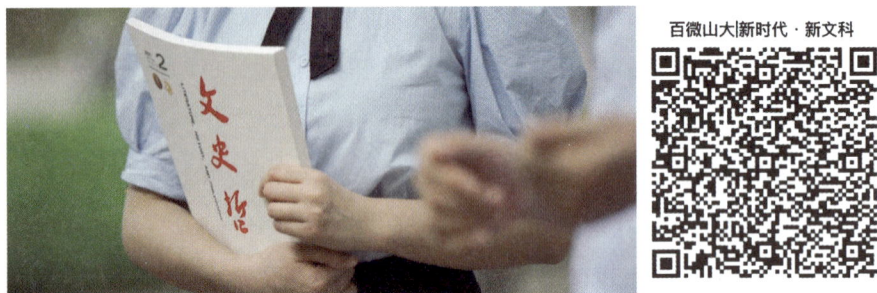

图例：《百微山大 | 新时代 · 新文科》视频截图和视频链接二维码
来源："百微山大"

【解说】教育、科技、人才，是全面建设社会主义现代化国家的基础性、战略性支撑。坚持为党育人、为国育才，全面提高人才自主培养质量。坚定文化自信，推动形成哲学社会科学中国学派，构建世界水平、中国特色的文科人才自主培养体系，实现中国式现代化目标，是新文科建设的职责所在。

【解说】2020 年 11 月 3 日，教育部依托山东大学成立全国新文科教育研究中心。中心自成立以来，始终以推动新文科建设为己任，汇聚全国新文科建设磅礴动能，引领高等文科教育高质量发展，赢得了社会各界的广泛赞誉。

【小标题】致力理论创新 提供智力支持

中心建立小核心与大团队协同发力的"中心—学校—全国"三圈层骨干研究队伍，其以三层次项目研究为抓手开展有组织科研，推出了一批标志性理论研究成果，为探索世界一流、中国特色的新文科建设道路提供了重要理论支撑。

【同期声】新文科建设是立足新时代、回应新需求、服务新目标的主动改革，其核心要义是促进文科教育的融合化、时代化、中国化和国际化，引领人文社科新发展，服务于实现中国式现代化目标。

【小标题】强化支撑引领 助推高质量发展

中心面向全国提供"一刊一报告、一会一论坛、一号一平台"的"六个一"服务。

《新文科理论与实践》期刊汇聚高水平作者队伍，聚焦新文科建设的重点、热点、难点问题，刊载理论研究与实践创新成果。

发布《新文科建设年度发展报告》，记录文科教育改革发展进程。

举办系列高端论坛，分享新文科建设理论研究与实践探索成果，探究新文科建设未来发展方向和建设重点。

积极参与全国新文科建设工作会议筹备工作，推出"全国新文科"微信公众号，打造新文科研究与交流平台，服务全国新文科建设。

【小标题】赋能人才培养 推动实践创新

全面推动学校新文科建设，取得显著成效。

【同期声】经过探索实践，学校整体形成了"理论创新＋实践探索＋智库支撑"的"山大模式"，育人生态持续优化，培养质量不断提升，建设成效得到社会各界高度认可，引领了全国文科教育的创新发展。

【解说】一花开放不是春，百花齐放春满园。众多高校来访中心交流学习，中心赴全国各地作新文科专题报告 300 余场，助推新文科建设燎原成势。

【解说】风好正是扬帆时，策马扬鞭再奋蹄。中心将以党的二十大精神为指引，不负时代所托，勇担职责使命，坚定不移推进新文科建设走深走实，为构建世界水平中国特色的文科人才培养体系、建构中国自主的知识体系作出新的更大贡献。

（该文本以《百微山大 | 新时代·新文科》视频文案为准，在保留原文的基础上，对部分语句进行了修饰加工。）

文案 3：《百微山大 | 薛其坤：量子力学的任意球世界波》

视频刊播于 2022 年 12 月 16 日

图例：《百微山大 | 薛其坤：量子力学的任意球世界波》视频截图和视频链接二维码
来源："百微山大"

【解说】卡塔尔世界杯如火如荼。大家也许并不知道，在中国科技界，大名鼎鼎的物理学家薛其坤不仅是资深球迷，而且在山大读本科时，还是光学系足球队的主力左后卫。他的科研成果——量子反常霍尔效应，用足球术语来说，那是无可争议的任意球世界波。下面我们就来听听薛其坤关于足球与物理的故事。

【解说】清瘦干练，目光如炬，五官立体，棱角分明。这就是 60 岁的薛其坤，身上依旧透着 20 多岁叱咤绿茵的影子。

【同期声】（我）在山大（读书时）最辉煌的（经历）是（担任）光学系系队的左后卫，有时候我也靠中场一点。很多人是右脚带球（水平高），虽然我不是左撇子，但是我左脚处理球的能力很强，所以我是打左后卫。毕业班比赛，我们（光学系球队）输给物理系（球队），拿了个第二名。我作为主力队员，还（被）奖了二十多块钱，我们（球队）大喝了一顿啤酒。这是我一生中在追求（足球）事业上的最辉煌的表现。

【解说】20 世纪 80 年代，世界足坛球星云集，（说足球是当时的）第一运动名副其实。而在中国，赵达裕、古广明、吴群立、柳海光等一大批足球明星横空出世。（中国队）在足球上无惧日本、伊朗、沙特，碾压越南、泰国等球队，妥妥地（算）

亚洲一流（球队）。可以说，足球之光为这个浴火重生的国家带来新的希望、新的生机，也点亮了薛其坤这位能吃苦、不服输的沂蒙山学子的足球梦。

【同期声】罗西、范巴斯滕、里杰科尔德，我都喜欢，后来像这个普拉蒂尼，包括咱们中国的赵达裕、古广明，（我）也挺喜欢的，但是（我）真正崇拜的还是贝利和马拉多纳。

【解说】足球凝结着人类永恒的英雄情结，能释放出远超运动本身的影响力。20世纪初，丹麦一对亲兄弟头顶脚踢，打穿了物理与足球之间的隔阂，将玄妙的量子力学与魔幻的足球结合起来。（哥哥）就是大名鼎鼎的量子力学大师尼尔斯·玻尔，（是）丹麦国家足球队的替补门将，作为数学家的弟弟哈那德·玻尔是国家队的主力前锋。而当时还在读光学的薛其坤可能并没有意识到，70年之后的中国也有一个人，会在足球与量子力学之间找到激情与快感的坦途，而且会在量子力学界凭借自己精湛的技艺打进一粒令世人震惊的世界波。

【同期声】从霍尔效应到量子霍尔效应，从这个实验上，先后在不同的材料——硅、砷化镓和石墨烯中产生了3个诺贝尔物理奖。但是这3种材料都需要磁场这样一个外界条件，才能实现量子霍尔效应。我发现的应该是第一个不需要磁场这样一个外界条件，仅靠我们一个非常奇特的材料本身（便能）产生量子霍尔效应。所以说，从科学上来讲，它是一种全新的物理机制。

【解说】足球集高强度、快节奏、体能、技术、眼界、视野、谋略、智慧、团队协作于一身。能打进这样一记技惊四座的世界波，薛其坤说，这充分体现了足球跟科研的异曲同工之妙。

【同期声】（足球与科研）当然有很多共同的地方。像踢足球，我比较崇拜的马拉多纳，他的技术非常好。做实验物理的，必须（个人的）实验技术要精湛。再一点，团队精神很重要。因为（如果）一个人跑100米，另一边对方有10个人去围堵的话，在世界杯比赛中，就算是马拉多纳也不可能（带球）从中场连过5个（人）。这是不可能的。

所以，一个科学重大问题往往都是由一个团队协作完成的。这个团队必须要具有尊重和团结的精神。我想，"两弹一星"精神就是这么一个集中的体现。包括我们国家的第一颗原子弹（的研发），从这个原子弹的爆炸理论、核燃料的提取……还有很多问题呢。我印象中，咱们全国有二十几万人都参与了"两弹一星"事业。

另外，作为一个队长，你必须要有整个（的）全局观，既要小心后防线被攻破，另外还要组织进攻，（要对）整个球场上的形势有宏观的掌握。每一个队员也要经常观察形势，自己是不是处在这么一个格局中，（是不是处在）一个合适的位置。同样，做科学，也要（时刻观察自己所从事的）科学研究是在整个科学界、（在相关的）领域是处在什么位置，这种全局观很重要。

【解说】不畏强敌，拼搏到底，团结合作，相信自己，永不放弃。这是足球的精神，足球的魅力。薛其坤，这个曾经的足球少年，虽然无法在绿茵场上驰骋，但他在科研人生的赛场上敢于拼搏、敢于挑战，成就灿烂的美丽，创造非凡的奇迹，用另一种方式诠释了足球精神、足球魅力。

【同期声】作为科学家来讲，我们能把这个事情做出来，这本身就是我们中国人对世界科学进步的一种贡献，我觉得这个意义很大。另外一点，通过这样一个发现，知道了我们国家对基础研究的重视，（说明）我们中国年轻一代的科研能力已经走到世界科学舞台的中央，成为世界上最重要的一支科学力量，所以也代表着我们中国对世界的一种贡献，我觉得这个意义更大。

【解说】从绿茵场上的亚军到量子学界的明星，薛其坤说，就像足球一样，精彩进球，得益于团队协作；科研创新，源自强大的祖国。而今，已经担纲南方科技大学校长的薛其坤，希望看见更多的青年才俊出现在世界科研中心征途的首发阵容里，奔跑在中华民族伟大复兴的赛场上。

【同期声】（我们要）培养具有家国情怀、担当精神、崇实品格、创新素养的国家栋梁。希望同学们永葆赤诚之心，永怀报国之志。

（该文本以《百微山大 | 薛其坤：量子力学的任意球世界波》视频文案为准，在保留原文的基础上，对部分语句进行了修饰加工。）

|后 记|

1994 年，中国全功能接入国际互联网。三十年间，在互联网技术的加持下，新的传播媒介和传播形式不断涌现，极大便利并丰富了我们的生活。但与之相伴随的，是我们无时无刻不存在于媒介之中：用手机刷新闻、订外卖，用智能穿戴监测体能健康、沉浸于虚拟游戏世界，用人机交互设备开展艺术创作、感受技术带来的新鲜体验。无法回避，当下的我们与媒介共生，在不知不觉中已然变成了"媒介人"。

对高校媒体工作者而言，媒体既是平台，也是阵地，更是家园。作为平台，她促进师生之间的教学相长；作为阵地，她见证校园内外的交流互鉴；作为家园，她承载"媒体人"的身心归属。

从一定意义上来说，《微媒体创意艺术》是一名高校媒体工作者和未来传媒人共育者的课业总结，字里行间交织着本人近几年关于这一主题的理论思考和实践探索，既可视之为"媒介人"的自我修养，也可说是"媒体人"的工作检视。

本书的完成，要感谢我的博士后导师刘明洋教授，以及戴元初教授、倪万教授、孙晓翠副教授无私的指导和帮助。尤其要感谢唐锡光教授，在书稿形成的整个过程，时时关心并给予了极具价值的意见和建议。

151

同时，要感谢于千雯、王萌、梁悦、杨海玉、张馨月、孙瑞淇等研究生，在资料整理、数据统计、引文校对等方面所做的大量工作。

最后，要感谢青岛出版社的编辑团队，在反复审校与打磨中，让这本书渐渐变得眉目清晰，让细琐且繁杂的工作变得更有意义。

冯友兰先生曾讲，人必须先说很多话，然后保持静默。本书是行进中的沉淀和变化中的静默，完成于工作之余，在整个写作过程中时有中断，常常在惶恐之中自我鞭策。限于篇幅、学识和个人的精力，全书仍有不尽人意之处，谨请读者朋友指正。

"物微意不浅，感动一沉吟。"谨盼这书中偶有几字，能给微媒体以灵感花火，能共这微时代于宏大意境。